VIE POPULAIRE ILLUSTRÉ

DE

SAINT ODILE

Ve ABBÉ DE CLUNY

Très dévot serviteur de la B. Vierge Marie Mère de Dieu

PUISSANT INTERCESSEUR

auprès du Souverain Juge pour les ames délaissées

DU PURGATOIRE

PAR L'ABBÉ J.-H. TAILLEFERT

..E, IMPRIMERIE M. SOUCHIER, RUE DE SULLY

—

1896

VIE POPULAIRE ILLUSTRÉE

DE

SAINT ODILE

Vᵉ ABBÉ DE CLUNY

IMPRIMATUR

Lyon, le 15 juin 1896.

Ad. JEANNEROT.

Vic. Gén.

VIE POPULAIRE ILLUSTRÉE

DE

SAINT ODILE

Ve ABBÉ DE CLUNY

TRÈS DÉVOT SERVITEUR DE LA B. VIERGE MARIE MÈRE DE DIEU

PUISSANT INTERCESSEUR

AUPRÈS DU SOUVERAIN JUGE POUR LES AMES DÉLAISSÉES

DU PURGATOIRE

PAR L'ABBÉ J.-H. TAILLEFERT

ROANNE, IMPRIMERIE M. SOUCHIER, RUE DE SULLY

—

1896

Evêché de Moulins,
29 Juin 1896.

Monsieur l'Abbé,

Monseigneur me charge de vous répondre qu'il est heureux d'accepter l'hommage de votre Vie populaire et illustrée de saint Odile *et de vous assurer qu'il bénit le livre et l'auteur.*

Recevez, Monsieur l'Abbé, l'expression de mes meilleurs sentiments.

Th. Boutry,
Vic. gén.

MONSEIGNEUR DUBOURG

Monseigneur,

L'encouragement que votre paternelle bonté a daigné accorder de vive voix à un petit opuscule intitulé *Un Souvenir à saint Mayol après neuf siècles,* à l'occasion du neuvième centenaire de cet illustre protecteur de Souvigny, a inspiré confiance au modeste auteur. Il ose encore aujourd'hui vous faire humblement l'hommage d'un nouvel écrit sur un autre saint protecteur de notre pays dont l'histoire est intimement liée à celle de saint Mayol.

Saint Odile n'a jamais été oublié à Souvigny, et Dieu a permis qu'une parcelle de ses reliques nous soit restée avec une parcelle des reliques de saint Mayol. Elles sont demeurées cachées pendant près d'un siècle comme l'étincelle sous les cendres amoncelées par la Révolution, dont les profanations sacrilèges ont récolté autant de châtiments qu'elles ont semé de ruines. Ces précieux débris nous ont été conservés comme un moyen pour fléchir la Justice Divine, pour maintenir parmi nous le souvenir de nos saints Protecteurs, pour raviver, Monseigneur, la dévotion de votre peuple, et pour ramener ces antiques et salutaires pèlerinages en l'honneur de ces deux illustres abbés de Cluny qui sont venus terminer à Souvigny leur longue et laborieuse carrière, dans ce

monastère bénédictin sur lequel ils ont projeté le
plus brillant éclat de leur sainteté et où leur
glorieuse mort a été, ce semble, même pour cette
terre un gage impérissable de vie.

Mgr de Dreux-Brézé, de pieuse mémoire, a été
choisi par Dieu pour conserver contre les injures
du temps et des hommes ce monastère que saint
Mayol et saint Odile avaient fondé et agrandi et
où ils sont morts ; mais c'est de Vous, Monseigneur,
que Dieu s'est servi pour y ramener la vie, en y
installant après un siècle d'attente les fils de saint
Benoît, de saint Mayol, de saint Odile, eux aussi
venus de Cluny et que Souvigny a salués comme
un gage de pardon pour le passé, d'espérance
pour l'avenir.

Qu'il soit permis à un prêtre enfant de Souvigny
de contribuer selon ses faibles capacités à cette
restauration du passé. D'autres y travailleront
avec un plus heureux succès. Nous avons cru
cependant devoir faire acte de bonne volonté en
publiant ce petit ouvrage.

Daignez, Monseigneur, le bénir pour qu'il fasse
du bien.

Daignez aussi agréer l'hommage du très respec-
tueux dévouement avec lequel j'ose me dire,

Monseigneur,

de Votre Grandeur

le très humble et très obéissant serviteur,

Jacques-Henri Taillefert,

Prêtre.

INTRODUCTION

Le neuvième centenaire de la mort de
saint Mayol, célébré à Souvigny le 13 mai
1894, donna lieu à divers écrits à la
louange de notre illustre protecteur.
L'approche du huitième centenaire de
l'institution de la commémoraison de
tous les fidèles défunts nous inspire l'idée
d'écrire un abrégé de la vie de saint
Odile, pour honorer cet autre protecteur
non moins illustre de notre pays, car
c'est à lui que revient la gloire de cette
institution.

Il convient du reste que dans nos
souvenirs la vie de saint Odile s'unisse à
celle de saint Mayol. En effet, saint Odile,
successeur immédiat de saint Mayol sur

le siège abbatial de Cluny, est venu, comme son saint prédécesseur, terminer sa longue et laborieuse carrière au monastère des Bénédictins de Souvigny. Son corps resta exposé pendant de longs siècles à la vénération des fidèles, en face du corps de saint Mayol, dans la magnifique église de ce monastère. Le tombeau de saint Odile, comme celui de saint Mayol, a rendu notre pays à jamais célèbre par le nombre et la qualité des pèlerins de toutes les parties de l'Europe qui vinrent y prier, attirés par la renommée des miracles sans nombre qui s'y opéraient. Les reliques de ces deux illustres saints, après avoir reçu pendant près de huit cents ans les mêmes marques de vénération universelle, ont subi les mêmes outrages de la Révolution de 1793. Quelques débris précieux de leurs chefs vénérés, recueillis dans un même reliquaire, ont échappé comme par miracle à la destruction sacrilège. N'est-il pas juste qu'ils reçoivent de nous les mêmes actes de réparation et que nous leur rendions les mêmes témoignages de respect et de reconnaissance. A cet effet, cherchons à ranimer dans les cœurs le souvenir de saint Odile comme celui de saint Mayol; et, après avoir fêté le maître, faisons connaître de notre mieux son illustre disciple.

Un auteur des vies des saints nous dit, au sujet de saint Odile :

« Un grand nombre de dévotions salu-
« taires et de traditions pieuses sont
« tombées dans l'oubli. Pour saint Odilon
« par exemple nous n'avons pu découvrir
« qu'il soit encore honoré quelque part.
« Aujourd'hui que la dévotion aux âmes
« du purgatoire semble se ranimer, il
« serait à désirer que les personnes qui
« ont cette dévotion à cœur prissent
« notre saint pour modèle et pour inter-
« cesseur auprès du trône de Dieu. Il est
« à supposer qu'un saint dont les prières
« ont été autrefois si efficaces pour les
« captifs du purgatoire n'aura rien perdu
« de son crédit et de sa puissance d'in-
« tercession. » [1]

Puissent ces quelques pages servir dans

[1] Mgr Paul Guérin, *Les Petits Bollandistes.*

ce but. C'est à Souvigny, berceau de notre enfance, et aux pèlerins de tous pays qui viennent encore prier dans notre magnifique église, élevée sur les tombeaux de ces deux illustres saints, que nous dédions cet humble écrit. Nous demandons à Dieu, qui du néant a créé toute chose, de daigner se servir de ce faible moyen pour semer et étendre encore plus la connaissance et le culte de nos saints protecteurs, et qu'il lui plaise d'en retirer sa gloire.

Saint Odile fut le premier qui institua la fête de la Commémoraison de tou[s] les fidèles défunts, le deuxième jour de novembre.

VIE DE SAINT ODILE

PREMIÈRE PARTIE

CHAPITRE I

**Origine de saint Odile. — Ses ancêtres.
Sa famille.**

'EGLISE, en célébrant la mémoire des saints, ne dédaigne pas de faire mention, quand il y a lieu, de la noblesse de leur origine.

La noblesse, les belles actions, les vertus des ancêtres d'Odile rejaillissent sur son berceau et sont un titre ajouté à sa gloire. Nous avons garde de le passer sous silence.

Les ancêtres d'Odile sont de nobles chevaliers, au dire de saint Pierre Damien. Odilon est issu d'une des plus illustres familles de l'Auvergne que l'on croit être celle des seigneurs de Mercœur. Son père, Bérald, surnommé le Grand par sa puissance et par sa probité, était un guerrier courageux, possesseur de vastes domaines. Encore plus distingué par sa piété que par sa noblesse, il ne le cédait à personne en vertu. Homme juste et habile en conseil, il était l'arbitre de tous les différends et le père des pauvres. Il est dit de lui qu'une simple parole de sa bouche valait mieux qu'un serment des autres, et que sa conduite tranchait admirablement sur la conduite ordinaire des princes. Gilberge, son épouse, et mère de notre saint, était de la plus haute noblesse de Provence, et ses vertus la faisaient universellement regarder comme le modèle des dames chrétiennes. A la mort de son époux, après avoir pourvu à la sécurité de tous ses enfants, pour suivre de plus près Jésus-Christ, elle se fit religieuse au monastère de Saint-Jean d'Autun, où elle termina par une sainte mort une vie exemplaire.

Les noms des enfants et des petits-enfants de ces nobles et pieux époux, dont le plus illustre est celui d'Odilon, furent consignés dans une charte, datée de l'an de l'incarnation 1023, par laquelle Odilon, moine et prêtre de Cluny, au nom de ses parents et de ses frères défunts, et du consentement de ses sœurs et de ses neveux, fonde le monastère de la Vuote ou Voulte, sur les possessions de ses ancêtres, dans le comté de l'évêché de Clermont, sur la rivière de l'Allier. Voici ces noms transmis par Odile lui-même et qu'il a fait suivre pour la plupart de titres ou de qualités qui honorent la famille de notre saint. Ce sont : parmi les frères d'Odile, Bérald, prévôt de l'église du Puy, Bertran, l'honorable seigneur Etienne, Guillaume et Ebon, homme d'une cordiale simplicité; parmi ses sœurs, la vénérable abbesse dame Blismonde, et Aldegarde, très noble dame selon le monde ; parmi ses neveux, Hildegaire, chanoine de l'église du Puy, Bérald, Guillaume et Etienne, prévôt de l'église du Puy, plus tard évêque de cette même ville.

CHAPITRE II

Naissance de saint Odile.
Son adolescence.

DILE naquit l'an 962. Sa mère lui apprit à goûter les charmes de la vertu avant même qu'il eût l'âge d'en estimer la valeur. Dieu le doua en même temps d'un naturel si heureux, d'un cœur si bon, si droit, si généreux et de si nobles inclinations que, dès l'âge le plus tendre, il fit paraître en lui, au dire de ses historiens, la sagesse d'un vieillard.

Un miracle opéré à l'autel de la Mère de Dieu en sa faveur, sur une demande spontanée et, pour ainsi dire, inconsciente de sa part, montra dès ses jeunes années qu'il était l'enfant de prédilection de la Vierge Marie, et dès lors on put soupçonner les grands desseins que Dieu avait sur cette âme si tendre et dont l'humilité, la charité, l'innocence et les autres vertus qu'elle faisait déjà paraître ne devaient jamais décroître, mais augmenter avec les années.

Saint Odile fut affligé dès son berceau d'une infirmité qui devait lui fermer toute carrière et le clouer pour le reste de ses jours sur un lit de douleur. A peine fut-il né qu'il devint paralytique. Il était tellement perclus de tous ses membres qu'après être arrivé à l'âge où les enfants sont heureux d'essayer leurs premiers pas, lui ne pouvait se tenir debout. Sa nourrice le portait un jour à travers la ville pour le distraire. Voulant suivre les autres serviteurs qui allaient chercher des provisions et, embarrassée de son précieux fardeau, elle le laissa couché contre terre sous le portique d'une église de Notre-Dame. Le pauvre enfant, se voyant seul, poussé par une inspiration de Dieu et soutenu par sa grâce, chercha à atteindre la porte de l'église en rampant contre terre, se traînant sur ses pieds et sur ses mains. Il put ainsi franchir péniblement le seuil. Encouragé par ce premier succès, il redoubla d'efforts et, s'aidant de la même manière, il parvint jusqu'à l'autel. Là, saisissant avec ses mains les parements, il essaya de se dresser sur ses pieds. Heureux enfant, qui plus tard devait être prêtre! Il soupirait déjà vers l'autel du Seigneur : *altaria tua Domine virtutum!* Tout petit, il savait déjà recourir à Dieu dans le danger, chercher un refuge dans son temple; et, de même que les enfants de son âge se soutiennent aux vêtements de leurs mères, lui s'attachait aux parements de l'autel de Marie qu'il devait tant de fois appeler sa Bonne Mère et qu'il reconnaissait déjà comme la douce Consolatrice des affligés et le Salut des infirmes. Marie ne lui fit pas attendre longtemps la récompense de sa filiale confiance. Après quelques efforts, il parvint à se tenir debout et courut joyeusement çà et là autour de l'autel, au grand étonnement de ceux qui le virent. C'est ainsi que les serviteurs le retrouvèrent, et ils le ramenèrent à ses parents miraculeusement guéri.

CHAPITRE III

**Saint Odile se consacre au Seigneur.
Il devient abbé de Cluny.**

UÉRI miraculeusement à l'autel de Marie, Odilon voulut consacrer sa vie au service de la maison de Dieu. Sa beauté corporelle, jointe à la noblesse de sa naissance et aux brillantes qualités de son esprit, lui assurait pour l'avenir une place distinguée dans le monde; mais le désir de son salut lui fit renoncer aux espérances de la terre. Quand les années de l'adolescence se furent écoulées pour lui, il demanda à recevoir la tonsure cléricale et fut admis, à l'âge de 26 ans (988), parmi les clercs de Saint-Julien-de-Brioude, où sa piété et ses rapides progrès dans les sciences furent pour tous un sujet d'admiration et d'édification. Dans ce nouvel état de vie, il aurait pu encore aspirer à des postes éminents, car les principales dignités des églises de Brioude et du Puy étaient entre les mains de personnes de sa famille. Déjà même on l'avait nommé chanoine. Mais loin d'être attiré par l'espoir de nouveaux honneurs, Odile ne songea qu'à vivre encore plus retiré du monde, n'ayant d'attrait que pour la perfection évangélique. Le bienheureux Guillaume, disciple de saint Mayol, et qui fut depuis abbé de Saint-Bénigne, de Dijon, le confirma dans son dessein d'entrer dans un monastère; et il était réservé à saint Mayol lui-même de venir cueillir cette noble fleur, dont les parfums suaves devaient embaumer Cluny et l'Eglise toute entière.

A cette époque, la renommée de Mayol était répandue au loin. Cet illustre et saint abbé, voyageant en Auvergne, s'arrêta à Brioude où, par un dessein admirable de la Providence, on eut l'idée de lui présenter le jeune chanoine Odile. Quelque chose de grand et de divin se reflétant dans les traits de ce jeune homme indiqua à Mayol le trésor caché

de cette âme. A première vue, ces deux
cœurs sentirent s'allumer l'un pour l'autre
le feu de la divine charité. Odile mani-
festa ses désirs, et, après avoir appris du
saint abbé quelle était la vie austère et
laborieuse des moines de Cluny, sa réso-
lution fut prise : il demanda à suivre
Mayol. Il quitta Brioude, ses terres et sa
famille et reçut du saint abbé lui-même
l'habit monastique à Cluny. Son entrée
en religion eut lieu en 991.

Dans la vie de retraite, de prière, de
travail et d'austérité qu'il avait choisie,
Odile surpassa bientôt les plus fervents
religieux. Encore novice, il pouvait servir
de maître aux anciens. Une année s'était
à peine écoulée depuis son entrée en
religion quand le saint abbé Mayol, fort
avancé en âge, sentant sa charge au-
dessus de ses forces et craignant de porter
atteinte à la discipline de son ordre par
manque d'une surveillance qu'il croyait
ne pouvoir plus exercer, d'accord avec ses
frères et ses fils en saint Benoit, conféra
au religieux Odile, en l'année 992, la
dignité d'abbé, pour avoir en lui un aide

de son vivant et un successeur après sa mort, qui arriva peu après, l'an 994.

Tel était le mérite d'Odilon, qu'après un an de probation, un abbé aussi illustre et aussi saint que Mayol ne crut pas pouvoir mieux faire pour le bien général de son ordre que de l'indiquer et de le léguer pour successeur. Ce choix fut accompagné de l'approbation générale, tant le savoir et la sainteté de ce jeune religieux avait fait impression sur les moines de Cluny. Tous furent heureux de lui promettre obéissance, et même, nous dit saint Pierre Damien, ce fut pour eux un adoucissement au chagrin où les avait plongés la mort de saint Mayol.

Saint Odile, ordonné prêtre par Leutalde, archevêque de Besançon, fut donc élu canoniquement et placé sur le siège abbatial de Cluny, chef de tout l'ordre bénédictin; il était alors dans la trente-deuxième année de son âge.

Lui seul aurait voulu pouvoir s'opposer à ce choix. C'est que, en effet, comme saint Mayol le dit lui-même, au sujet de l'élection de saint Odile, les sujets indignes sont les plus empressés à aspirer aux charges dont ils sont incapables, tandis que ceux qui en sont dignes les redoutent, alors que c'est un devoir pour eux de les accepter précisément à cause de leur mérite.

Dans une chronique du temps au sujet de l'élection d'Odile, on parle de lui déjà à cette époque comme ne le cédant point en vertu à son illustre prédécesseur. « En voyant Odile, est-il dit, « on croirait jouir de la présence de « Mayol. Glorieuse est la maison qui a « mérité de tels hommes à sa tête ! Heu- « reux le séjour illustré par ces deux « astres brillants, dont l'un éblouit de « son éclat la terre, pendant que l'autre « resplendit aux cieux ! Mais, ajoute « l'écrivain, taisons-nous, car il est dit : « Ne louez pas avant la mort. »

S'il resplendissait ainsi à son lever, que devait être à son midi cet astre qui ne devait pas avoir de déclin et dont le nom d'origine grecque signifie : Soleil du Seigneur !

CHAPITRE IV

Humilité du saint abbé Odile. — Les puissants du siècle et les princes de l'Eglise recherchent son amitié et ses conseils et se font ses disciples. — Titres d'éloges que lui donnent les Souverains Pontifes.

ELEVÉ malgré lui à la dignité d'abbé, Odilon fut plus que jamais le modèle et l'exemple de ses religieux. Il ne se dispensa jamais des devoirs communs à tous ses frères. Il avait coutume de dire qu'un supérieur doit dominer plus par la supériorité de ses vertus que par la dignité de son rang.

Le fondement de toutes les vertus de saint Odile était l'humilité, et cette humilité n'était pas seulement apparente dans ses paroles et dans son extérieur, mais elle avait sa racine au fond de son âme.

Parmi les preuves que nous donnent de son humilité différents traits de sa vie, citons-en quelques-uns :

Le saint abbé voulut visiter la maison qui fut le berceau de l'ordre bénédictin. Il se rendit au mont Cassin, qu'il gravit à pied par respect pour le patriarche saint Benoît. Les religieux du monastère firent au pieux visiteur l'accueil dû à sa dignité et à son mérite ; mais, plus désireux de s'abaisser que de se voir environné d'honneur, Odile demanda en grâce qu'on lui permît de baiser les pieds de ses frères, et il accomplit cette humble action comme un acte de religion.

C'est l'humilité du saint abbé qui lui fit refuser, vers la fin de sa vie, parce qu'il s'en croyait indigne, l'archevêché de Lyon, en 1041. La couronne de cheveux blancs qui ornait alors son front rehaussait l'éclat de ses brillantes qualités et de ses vertus qui lui méritaient la vénération universelle dont on l'entourait.

A la mort de Burchard, archevêque de Lyon, frère de Raoul, roi de la Bourgogne transjurane, il s'éleva des différends au sujet de l'élection d'un successeur.

Devant ces difficultés, on demanda au pape de nommer l'abbé Odilon comme le seul qui puisse concilier les partis et être agréé à l'unanimité par le clergé et par le peuple. Le pape Jean XIX, persuadé que personne n'était plus digne et plus capable d'occuper ce siège, lui envoya le pallium et l'anneau. Le saint abbé refusa. Le Souverain Pontife insista de nouveau et charga l'évêque Geofroy de lui porter une lettre dans laquelle il lui reprochait son refus comme étant au détriment de l'Eglise de Dieu. Odile persista dans son refus, s'autorisant de l'exemple des saints, exemple dont on avait grand besoin en ce temps de présomption et de simonie, où l'on considérait, dans les hautes dignités ecclésiastiques, le bénéfice et la gloire mondaine qu'on espérait en retirer, plutôt que les responsabilités et les lourdes charges d'âmes qu'elles imposent. Le pallium et l'anneau restèrent à Cluny, et le bien que fit à l'Eglise le saint abbé dans sa dignité plus humble ne laissa rien à regretter du bien qu'on aurait attendu de lui comme primat des Gaules.

L'humble opinion qu'Odile avait de lui-même paraît encore dans ses écrits. Dans la vie de sainte Adélaïde, qu'il composa, il ne se désigne que par cette dénomination : le rebut de tous les pauvres de Cluny. *Frater Odilo Cluniensium pauperum cunctorum peripsema.* Il nous donne cette vie comme écrite par lui dans un style incorrect, ne pouvant que servir de matériaux à un écrivain plus savant.

Dans sa vie de saint Mayol, il nous avertit qu'il n'a pu l'écrire que selon la mesure de son trop faible talent.

Il ne voulut point entreprendre d'écrire la vie du Bienheureux Guillaume, abbé de Saint-Bénigne, de Dijon, ne se croyant pas pour cela assez de capacité.

Cette humble opinion que le saint abbé avait de sa personne et de ses œuvres n'empêcha pas les grands de la terre de rendre hommage à sa vertu. Autant il cherchait à s'abaisser, autant les puissants de ce monde recherchaient son amitié et ses conseils, car son humilité attirait sur lui l'esprit de Dieu et le rendait doux et conciliant. Notre Seigneur

Jésus-Christ a dit : Bienheureux ceux qui sont doux, ils posséderont la terre[1]. La force en effet cédait volontiers devant sa douceur et ses charitables prévenances qui le faisaient aimer.

L'impératrice sainte Adélaïde, épouse de l'empereur Othon Ier, voulut, avant de mourir, visiter notre saint. Saint Odile nous l'apprend lui-même en nous disant que cette princesse, peu avant sa mort, se trouvant en présence d'un religieux, un abbé trop indigne de cette dignité, pour lequel elle avait cependant quelque estime, elle baisa humblement la pauvre robe dont il était revêtu et elle lui dit : « Mon fils, je ne vous reverrai plus en « ce monde. Quand mon âme aura quitté « cette terre, je me recommande aux « prières de vos frères ; et vous, dans « vos contemplations, souvenez-vous de « moi. »

Othon III donna à saint Odile, auprès de Pavie, un monastère en l'honneur de saint Mayol.

---

[1] *Beati mites : quoniam ipsi possidebunt terram* (Ev. s. Math., ch. V).

Saint Henri, empereur des romains, successeur de l'empereur Othon, avait une tendre affection pour saint Odile et suivait humblement ses conseils. Il prouva sa vénération et son attachement à saint Odile par la protection qu'il accorda à ses monastères et par des dons magnifiques.

Saint Henri.

Saint Henri avait rétabli sur le trône pontifical Benoît VIII, après en avoir chassé le schismatique Grégoire. Benoît

VIII, pour remercier le saint roi, était allé au-devant de lui en grande magnificence pour le couronner empereur, et il lui avait offert un globe d'or embelli d'une ceinture de pierres précieuses et surmonté d'une croix d'or, donnant ainsi à entendre que celui à qui le Ciel confie l'empire de la terre doit être orné de toutes les vertus pour glorifier la croix du Rédempteur du monde. Saint Henri protesta qu'un si noble présent ne pouvait appartenir qu'à ceux qui, ayant foulé aux pieds les vanités du siècle, suivaient le plus généreusement le Sauveur crucifié. C'est pourquoi il fit porter sur-le-champ le présent du Pape au monastère de Cluny comme étant le lieu où la discipline religieuse était le mieux observée, sous la conduite de l'abbé Odilon. Il avait déjà envoyé au saint abbé sa couronne royale pour être fondue, afin de procurer de l'argent aux pauvres dans un temps de famine; il lui avait donné aussi un sceptre d'or, un manteau impérial en or, un crucifix d'or qui pesait cent livres. Il aimait à s'entretenir avec saint Odile, qui, dans son palais, avait rang parmi les premiers officiers.

Le roi de France Hugues Capet choisit saint Odile entre tout autre pour réformer les monastères de son royaume, en particulier le monastère de Saint-Denis, près Paris.

Robert, fils du roi Hugues Capet, avait tant de respect pour saint Odile que, lorsque ce roi vint en conquérant dans la Bourgogne, dévastant tout sur son passage, Guillaume, abbé du monastère de Saint-Bénigne, de Dijon, fit venir à sa place l'abbé Odilon dans ce monastère pour essayer de fléchir le roi qui, en effet, en considération d'Odile, ne fit aucun mal à Saint-Bénigne.

Ce roi, en faveur de saint Odile, se plut à confirmer les donations faites à Cluny. On cite entre autres la donation du couvent du Val d'Or ou de Paray, de cette ville surnommée depuis le Monial, devenue à jamais mémorable par les apparitions du Sacré-Cœur de Jésus à la Bienheureuse Marguerite-Marie Alacoque dans la chapelle des religieuses de la Visitation, et par les nombreux pèlerinages qu'abrite de nos jours l'ancienne basilique du monastère bénédictin.

Ce monastère avait été fondé par Lambert Ier, comte de Chalon, père de l'évêque Hugues, avec le concours de saint Mayeul; mais alors il devait avoir un abbé spécial. Hugues, évêque d'Auxerre et comte de Chalon, le soumit pleinement au monastère de Cluny sous l'abbé Odilon, en 999.

Robert, duc de Bourgogne, fils du roi Robert, appelait saint Odile l'ami de son salut et de son honneur.

Etienne, roi de Hongrie, Sanche, roi d'Espagne, envoyèrent à l'abbé Odilon des ambassadeurs pour lui demander d'attirer sur eux et sur leurs royaumes la bénédiction de Dieu par ses prières.

Raoul, roi de la Bourgogne Transjurane, confia à l'administration de saint Odile l'église de Saint-Victor de Genève, pour soumettre à perpétuité à la discipline religieuse ce noble sanctuaire construit par la reine Sédeleube, sœur de sainte Clotilde, épouse du premier roi chrétien des Francs, notre grand roi Clovis.

La protection que les grands accordaient à saint Odile et l'autorité que les puissances séculières lui donnaient sur elles lui servait à faire le bien. C'est ainsi que, de concert avec le Bienheureux Richard, abbé du monastère de Saint-Vannes, il fit passer le traité de la Trêve de Dieu, en l'année 1041.

La France était alors désolée depuis de longues années par des guerres civiles qui répandaient partout le pillage et le meurtre joints à des profanations sacrilèges. Chacun, à cette époque, se croyait le droit de se faire justice par soi-même à main armée et les plus horribles crimes de vengeance personnelle étaient regardés comme de justes jugements. Rois et prélats s'étaient élevés en vain depuis dix ans contre ces abus. Il n'y avait point de respect pour l'autorité. Odilon, avec le prestige de sa sainteté et de ses miracles, entreprit de calmer les esprits et de rendre la paix au royaume. Il parvint à faire accepter une célèbre convention qu'on regarda comme une grâce insigne de Dieu et qui fut appelée pour cela Trêve de Dieu. Cette convention portait que, sous peine d'excommunication et de mort, personne ne pourrait se venger d'aucune injure, qu'on ne prendrait rien par force et qu'on n'exigerait point de gage d'une caution depuis le mercredi au soir jusqu'au lundi matin de chaque semaine, et cela en souvenir des jours de la Cène, de la Passion, de la Mort et de la Résurrection de notre Sauveur Jésus-Christ. Cette convention étant acceptée de tous pour ces quatre jours, la paix ne tarda pas à revenir, même pour les autres jours de la semaine.

L'empire que saint Odile avait sur les esprits et sur les cœurs des seigneurs était l'effet non d'une basse flatterie mais de sa vertu; de sorte qu'il pouvait s'en servir au besoin pour réprimander les grands de la terre et les menacer des jugements de Dieu, comme il arriva dans la circonstance suivante : Le roi Robert attaqua avec son armée le château de saint Germain d'Auxerre. Odile vint lui reprocher de s'attaquer à la propriété d'un serviteur de Dieu. Comme le roi ne voulait l'écouter, le Ciel se mit de la partie. Un nuage s'éleva tout à coup si noir que les assiégés, n'étant point aperçus, purent faire une sortie qui causa beaucoup de perte à l'armée du roi.

L'ascendant que la vertu donnait à Odile sur les puissances séculières favorisa les progrès de son monastère de Cluny et agrandit ses privilèges ainsi que ses possessions, ce qui suscita au saint abbé des ennemis jaloux qui, ne pouvant supporter le crédit dont il jouissait auprès des grands, l'appelaient ironiquement le roi et soulevaient des différends contre ses possessions et contre ses privilèges. Odile sut défendre les intérêts de son monastère, tout en conservant pour ses ennemis mêmes la plus admirable charité. Les Papes, prenant sous leur protection les domaines de son monastère, se plurent à augmenter le nombre de ses privilèges. Les Souverains Pontifes Sylvestre II, Benoît VIII, Benoît IX, Jean XVIII, Jean XIX et Clément II lui adressèrent à cet effet des Bulles dans lesquelles ils lui donnent les titres les plus élogieux. Sylvestre l'appelle l'illustre abbé et le prie instamment de lui accorder une part dans ses oraisons. Jean XIX, dans une lettre à l'évêque de Mâcon, Gauslin, lui reproche d'oser inquiéter Odile, vénéré par les infidèles mêmes [1].

La réputation du saint abbé Odile, la sagesse de son gouvernement attirèrent à lui d'illustres disciples. Plusieurs évêques quittèrent leur siège épiscopal pour se ranger sous sa règle. On cite Ledbald, évêque de Mâcon ; l'évêque Richard, compagnon de voyage de notre saint ; Valter, autre évêque de Mâcon, inscrit dans le faste de saint Benoît au nombre des bienheureux ; Sanche, évêque de Pampelune. C'est saint Odile qui reçut saint Hugues, lequel lui succéda, et le célèbre Hildebrand, plus tard pape sous le nom de Grégoire VII.

Sanche, roi d'Espagne, après avoir consulté les évêques et les seigneurs, et avec leur avis, voulut introduire dans son royaume l'ordre de Saint-Benoît, jusqu'alors inconnu dans ce pays. A cet

[1] *Bullarium cluniacense.* Bibliothèque des Bénédictins de Souvigny.

effet, il envoya le religieux Paterne avec d'autres religieux à Cluny pour se former sous l'administration du vénérable abbé Odilon, parce qu'on ne pouvait mieux apprendre le secret de cette sainte profession que sous la direction de saint Odile. Le religieux Paterne fut mis ensuite à la tête du monastère de Saint-Jean-de-Pegna. Saint Odile écrivant plus tard à ce même abbé Paterne fait mention de sa ferveur dans l'amour de Dieu et l'appelle l'administrateur patient et prudent.

On peut compter aussi parmi les disciples de saint Odile un monarque mis au nombre des bienheureux.

Casimir, fils de Niceslas II, roi de Pologne, après la mort de son père fut exclu du trône. Il en profita pour renoncer aux vanités du monde et se retira à Cluny où il prit l'habit religieux et reçut le diaconat. Cependant la Pologne, déchirée par l'anarchie et voulant retrouver la paix, ne vit pas d'autre moyen que de rendre le trône au roi qu'elle avait chassé. On découvrit sa retraite et des ambassadeurs vinrent prier saint Odile de leur rendre leur roi. Odile en référa au pape Benoît IX. Les ambassadeurs exprimèrent au Souverain Pontife les malheurs du royaume et, en conséquence, Casimir, relevé de ses vœux, dut remonter sur le trône de Pologne, en 1041. Il n'oublia jamais qu'il aurait voulu mourir humble religieux; il vécut et mourut en saint l'an 1058. La Pologne envoya chaque année à Rome un témoignage de reconnaissance pour le retour de ce saint roi qui eut pour successeur son fils Boleslas II.

Saint Odile, tout en remerciant Dieu de lui envoyer d'illustres et saints personnages pour disciples, eut cependant plus d'une fois l'occasion de montrer qu'il était sans égoïsme et qu'il ne craignait point de se priver de ses meilleurs sujets quand des intérêts supérieurs le demandaient.

Après un pèlerinage à Jérusalem, Frédéric, comte de Verdun, et Richard, doyen de Reims, qui devaient être plus tard au nombre des bienheureux, eurent l'idée d'entrer au monastère de Saint-Vannes, à Verdun; mais, avant, ils voulurent aller à Cluny pour consulter le saint abbé Odile, décidés même à rester sous sa conduite s'il était de cet avis. Odile, prévoyant l'avenir, leur conseilla de retourner faire leurs vœux au monastère de Saint-Vannes, leur annonçant que, ce monastère, alors ignoré des hommes, deviendrait glorieux.

Basilique du Sacré-Cœur
Ancienne église du monastère bénédictin de Paray-le-Monial
soumis au monastère de Cluny sous l'abbé Odilon.

CHAPITRE V

Autres vertus de saint Odile.

ÉVÈRE pour lui-même, saint Odile couvrait son corps d'un rude silice. Il portait sur sa chair des chaînes de fer aux pointes acérées qu'il cachait sous un vêtement de vil prix. Pour ne point se singulariser, il acceptait dans les repas de tout ce qu'on lui présentait, mais en si petite quantité qu'il avait à peine de quoi soutenir ses forces. Il avait l'habitude de saupoudrer son pain avec de la cendre en esprit de pénitence. Il tempérait ses jeûnes selon sa fatigue ou ses forces.

La prière passait fréquemment de son cœur sur ses lèvres, si bien qu'en s'endormant il récitait des psaumes et, lorsqu'il sommeillait, ses lèvres murmuraient encore les louanges de Dieu.

Dur pour lui-même, Odile était rempli de mansuétude pour les autres. La bonté était la note dominante de son caractère. Sa réputation de douceur était telle que, peu après la mort de notre saint, en 1064, l'évêque de Chalon dédia une chapelle dans la paroisse de Cidanum en l'honneur de la sainte Vierge et du très doux père Odilon. On le surnommait le pieux, le débonnaire, le très clément. Quand il avait quelque ordre à donner ou quelque pénitence à faire accepter, il le faisait avec tant de bonté qu'il paraissait plutôt comme une mère compatissante aux infirmités de ses enfants que comme un père résolu en ses commandements. Aussi lui reprochait-on parfois son trop d'indulgence pour les pécheurs; mais alors il répondait tranquillement :
« Quand je devrais être éternellement
« réprouvé, je préférerais toutefois que
« la cause de ma condamnation soit
« d'avoir péché par trop de clémence
« plutôt que par excès de sévérité[1] ».

----

[1] Gousset dans sa théologie citant saint Odile au sujet de la confession.

Cependant la vertu de prudence que louèrent en saint Odile les Pères du concile de Limoges, l'an 1031, faisait que cette mansuétude ne nuisait en rien à la discipline religieuse de son monastère et n'affaiblissait point son autorité. Il pardonnait de bonne grâce. Il cherchait à son propre péril le bonheur de tous. Il aimait mieux être aimé que redouté, être utile que commander.

La vertu qu'il voulait voir régner en maîtresse dans son monastère, c'était la charité; et comme la jalousie est le fléau qui détruit la charité, il se plaignait amèrement de ce qu'un crime aussi affreux puisse trouver place dans une âme vouée à la vie monastique. Pour flétrir ce vice, son visage perdait son expression de bonté et il était inflexible envers celui qui s'occupait à épier les actions de ses frères pour en faire la critique et qui troublait par ses perfides insinuations l'union fraternelle. Après lui avoir fait infliger la discipline, il le chassait sans pitié de son monastère.

Son amour pour Dieu était si ardent que malgré le nombre des occupations qui l'accablait, jamais il n'omit ses exercices de piété qui sont l'aliment du cœur. Ses yeux ne pouvaient retenir leurs larmes lorsqu'il montait au saint autel. Il se préparait à cette sainte action par la mortification du corps. Ni les voyages, ni les affaires, ni les maladies ne l'empêchèrent de célébrer la messe. A son lit de mort, il pria un de ses religieux de compter avec lui combien de fois pendant sa vie ses mains avaient présenté à Dieu l'auguste Victime immolée pour le salut du monde, comme s'il eût voulut mesurer, au nombre de ses messes, la clémence dont le Souverain Juge userait à son égard. Or, pour ce calcul il n'eut qu'à faire compter combien de jours s'étaient écoulés depuis son ordination : car pendant ses cinquante-six ans de prêtrise il n'avait pas omis une seule fois la célébration du Saint Sacrifice.

Saint Odile avait pour la Mère de Dieu une affection toute filiale depuis le jour où, dans son enfance, il avait été miraculeusement guéri à son autel. Dans la fleur de son âge, il s'était encore rendu à l'autel de Marie, et là il s'était consacré à Elle,

Odile voulut que dans chaque église de ses monastères il y eut un
autel consacré à Marie.

suppliant cette auguste Reine du ciel et de la terre de le recevoir pour son serviteur et de le secourir comme son avocate, l'assurant qu'après Dieu Elle serait toujours le premier objet de son affection. Devenu abbé de Cluny, lorsqu'il était au chœur, il s'inclinait chaque fois qu'il entendait prononcer le nom de Marie. Au chant du *Te Deum*, quand on en venait à ce verset : *Tu ad liberandum suscepturus hominem non horruisti Virginis uterum,* il ne pouvait s'empêcher de se prosterner jusqu'à terre par respect pour la Vierge immaculée dans le sein de laquelle, afin de nous sauver, le Fils de Dieu n'avait pas craint de descendre et de s'incarner. Odile voulut que dans chaque église de ses monastères il y eut un autel consacré à Marie, afin que partout l'auguste Mère de Dieu soit aimée et invoquée.

Cet amour de saint Odile pour la très sainte Vierge le portait à imiter ses vertus et en particulier sa vertu de pureté ; jusqu'à la fin de sa vie il fut si réservé et si modeste et on remarqua en lui un tel reflet de pudeur virginale qu'on le surnomma le centenaire vierge. *Virgo centenarius.*

Nous avons un exemple admirable de la vertu de pureté de notre saint. Parmi les personnes de haut rang avec lesquelles saint Odile se trouvait fréquemment en rapport, soit pour les intérêts généraux de l'Eglise, soit pour les biens de son monastère, soit dans l'intérêt des pauvres pour lesquels il obtenait d'abondantes aumônes, il s'en trouva une, du nom d'Ermingarde, qui chercha à porter atteinte à la vertu de saint Odile pendant un entretien qu'elle eut avec lui. Notre saint s'apercevant de ses intentions coupables, se fit apporter devant elle un brasier rempli de charbons ardents et il s'étendit dans les flammes. A cette vue, Ermingarde perdit le sentiment de sa passion, dominé par celui de l'épouvante. Attiré par ses cris d'effroi, on vint délivrer le saint abbé du feu qui atteignait son corps.

Par cette grande et énergique leçon de l'exemple, saint Odile montrait qu'il vaut mieux brûler vif en ce monde que de commettre un péché mortel, et que rien n'est redoutable comme cette sentence de la Justice de Dieu condamnant irrévocablement à l'enfer le pécheur impénitent : *Ite maledicti in ignem æternum.* Allez, maudit, au feu pendant l'éternité.

Cette leçon d'un saint porta ses fruits de salut. Ermingarde fut dès lors convertie. Cette comtesse employa tout le reste de sa vie en bonnes œuvres. Elle donna à Dieu et à l'Eglise la terre de Saint-Maurice, près d'Autry, avec ses dépendances, pour les frères infirmes ou malades du monastère de Souvigny. Elle donna aussi le port de la Ferté-sur-Allier. Elle fit don à l'église d'une grande croix en or, de chandeliers d'argent, d'étoffes précieuses et de beaucoup d'autres biens. Dans l'église de Souvigny, on célébrait solennellement chaque année l'anniversaire de sa mort [1].

La charité de saint Odile pour le prochain était une conséquence de son

---

[1] Ermingarde de Saint-Maurice épousa Archymbaud II, dit le Vert, qui vécut de 1012 à 1032, et qui était fils d'Archymbaud Ier, fils d'Aymon, héritier de Bourbon et petit-fils d'Aymard, fondateur du monastère de Souvigny.

ardent amour pour Dieu. « Tu aimeras
« le Seigneur ton Dieu de tout ton cœur,
« de toute ton âme, de toutes tes forces,
« et ton prochain comme toi-même
« pour l'amour de Dieu. » Ces deux
obligations, qui renferment toute la loi,
sont tellement unies ensemble qu'il est
impossible d'aimer Dieu sans aimer son
prochain, et quand on aime véritablement
son prochain, c'est une marque évidente
qu'on aime Dieu.

La charité d'Odile était telle que tout
le monde l'aimait et le désirait. A charge
pour personne, se mettant au-dessous de
tous, il s'empressait de servir les autres.
Il vénérait les vieillards comme des pères,
les jeunes hommes comme des frères,
les vierges comme des sœurs, les femmes
âgées comme des mères.

On peut dire qu'il était prodigue pour
les pauvres; aussi lui en faisait-on un
reproche comme d'un excès de libéralité.
Le saint répondait que si on voulait être
jugé avec miséricorde par le Souverain
Juge, il fallait soi-même traiter avec
grande compassion les misères du prochain. Il préférait être blâmé de trop de

miséricorde que de mériter le reproche
d'avoir refusé une seule fois l'aumône à
qui en aurait eu besoin. Il voulut que

les monastères qui dépendaient de lui
fussent les greniers des pauvres; il ordon-
nait des aumônes qui devaient être réglées
avec exactitude. Quand la nécessité était
plus pressante, il n'hésitait pas à se dé-
pouiller des objets précieux, des meubles
et même des vases sacrés qu'il faisait fon-
dre alors pour se procurer de quoi acheter
des vivres aux malheureux. Sa compassion
pour les indigents était telle que, lorsqu'il
n'avait plus rien à donner pour secourir
leurs misères, il allait lui-même quêter
pour eux, et il mettait en œuvre toute son

éloquence pour toucher en leur faveur les cœurs de ceux qui possédaient. C'est ainsi que pendant l'horrible famine qui commença en 1030 et désola pendant trois ans le royaume de France, il empêcha de mourir de faim plusieurs milliers de malheureux affamés.

A cette époque d'affreuse calamité, il rencontra sur son chemin, dans la campagne de Paris à Saint-Denys, deux pauvres enfants tombés morts de froid et de faim qui restaient exposés nus sans sépulture. A cette vue, désolé de n'avoir été prévenu à temps de leurs besoins, saint Odile voulut du moins exercer la charité sur leurs pauvres corps inertes. Il alla chercher des hommes chargés d'ensevelir les morts, il les paya pour leur faire creuser deux fosses, puis, se dépouillant de sa tunique de laine, il souleva ces deux petits corps, les plia dans son manteau et les ensevelit lui-même.

Son cœur était si tendre et si compatissant pour les maux du prochain que le souci qu'il avait des pauvres dans ce temps d'affreuse misère lui fit passer bien des nuits sans sommeil; c'est lui-même qui nous l'apprend dans sa préface de la vie de saint Mayol.

Il ne méprisait aucune infortune et nulle infirmité ne le rebutait. Un clerc de l'église de Sainte-Marie du Puy, atteint de la lèpre, s'était retiré dans une solitude voisine du monastère de la Voulte. Saint Odile étant venu passer quelque temps dans ce monastère, le pauvre lépreux le fit prier de venir lui adresser quelques paroles de consolation. Le saint n'hésita pas à s'y rendre, imitant le Divin Sauveur Jésus qui a daigné s'abaisser jusqu'à nous pour soulager toutes nos misères. Arrivé en présence du lépreux, dominant la répugnance qu'inspirait cette lèpre hideuse, saint Odile se jeta dans les bras de celui que tous fuyaient et le couvrit de baisers.

Le saint abbé, si généreux pour ceux du dehors, recueillait avec bonté tous ceux auxquels Dieu inspirait de venir prendre place parmi les moines de son monastère. Le nombre en fut grand, et, loin de s'étonner à la pensée de les nourrir, Odile disait à ses frères de ne pas s'effrayer de l'accroissement du troupeau, parce que Jésus le Divin Pasteur saurait pourvoir, dans sa miséricordieuse puissance, aux besoins de ceux que son appel lui envoyait. Il avait la confiance que rien ne lui manquerait jamais. Dieu permit en effet que son extrême charité, loin d'épuiser ses ressources, lui attira de plus abondantes aumônes, car il est dit : « Donnez et on « vous donnera. » C'est ainsi que le saint abbé Odile put en même temps renouveler et agrandir les bâtiments de son monastère, et, ne négligeant rien de ce qui était dû à la dignité de la maison de Dieu, il trouva moyen de faire de son église de Cluny la plus belle du royaume.

Il y construisit un cloître avec des colonnes de marbre, fit élever au-dessus de l'autel de saint Pierre un baldaquin dont on revêtit les colonnes d'argent et de mosaïques. Il fonda le monastère de la Voulte sur les terres de ses ancêtres ; construisit les églises d'Ambert, la Ferté, Sausselange, en Auvergne ; il enrichit considérablement le monastère de Sainte-Marie-de-Pavie, appelé vulgairement Celle de Saint-Mayeul, fit bâtir le monastère de Saint-Victor de Genève, après avoir reçu l'administration de l'antique et illustre église renfermant le corps du saint martyr. Il embellit l'église et le monastère de Souvigny en Bourbonnais en souvenir de saint Mayeul. Et ce qu'il entreprenait n'était point pour la vaine gloire, mais pour mériter la protection des saints et pour glorifier Dieu avec générosité, s'abandonnant à lui avec confiance dans les nécessités.

Dieu récompensait souvent par des miracles la générosité et la confiance de son serviteur. Le saint abbé s'était retiré près de Saint-Denys, au monastère de Saint-Martin, infirmerie de Saint-Denys, pensant y jouir quelque temps de la solitude; mais de nombreuses personnes vinrent trouver l'homme de Dieu pour prendre ses conseils. Le saint les reçut avec amabilité et leur offrit même de s'asseoir à sa table. Le nombre inattendu des hôtes rendant les provisions insuffisantes, on en fit l'observation à saint Odile; il insista cependant et ordonna que la table fût servie. Or il advint que les parts de pain et de poisson augmen-

taient au fur et à mesure qu'on en faisait
la distribution ; si bien que les servants
ne purent s'empêcher de s'écrier : « Ré-
« vérend Père, qu'il est miraculeux
« l'effet de votre foi et de votre sainte
« confiance ! » Le saint répondit avec
humilité : « Ce n'est pas en ma faveur
« que Dieu a fait ce miracle, mais pour
« récompenser votre soumission aux
« ordres de votre supérieur. »

SECONDE PARTIE

CHAPITRE I

Saint Odile et les Ames du purgatoire.

DILON, que nous avons vu si charitable pour ses frères vivants, n'oublia pas les âmes des fidèles défunts qui souffrent dans les flammes expiatrices du purgatoire.

La prière pour ces âmes a été en usage même sous l'ancienne loi, comme on le voit dans l'histoire des Machabées, où il est dit que Judas Machabée fit envoyer à Jérusalem le produit d'une quête, afin d'offrir un sacrifice pour qu'il plaise au Seigneur de pardonner les offenses des soldats morts dans les combats : *misit Jerosolymam offerri pro peccatis mortuorum sacrificium*[1].

Sous la loi de grâce l'Eglise militante s'est toujours intéressée à l'Eglise souffrante; mais les fidèles avaient besoin que la dévotion aux âmes du purgatoire leur fût plus vivement recommandée. Beaucoup de ces âmes étaient oubliées faute d'une fête annuelle qui rappela cette dévotion.

Les souffrances de la terre que nous avons sous les yeux nous touchent facilement et nous portent d'elles-mêmes à la pitié et aux œuvres de charité. Mais ce qui est loin des yeux est souvent loin du cœur, aussi est-il nécessaire de rappeler le souvenir de ceux qui ne sont plus et de remettre dans l'esprit la pensée des souffrances de ces âmes que la main de la justice de Dieu a touchées.

Odile avait ces pauvres âmes en grande pitié et il fit tout ce qui dépendait de lui pour inspirer les mêmes sentiments de

[1] Lib. 2 Machab., ch. 12.

commisération à ses frères. Il déploya tout son zèle pour faire reconnaître combien il était important de recommander cette dévotion avec plus d'instance. Comprenant que ces pauvres âmes, détenues par la justice divine dans leur prison de feu, n'étaient pas assez secourues par les suffrages des fidèles vivants, il s'efforça d'y suppléer autant qu'il était en son pouvoir surtout par le Divin Sacrifice offert pour leur soulagement, mais aussi par ses prières et par ses pénitences.

C'est à sa charité pour les âmes du purgatoire que nous devons l'institution d'un jour spécial pour la commémoraison de tous les fidèles défunts; avant lui on faisait bien déjà à certains jours la commémoraison des fidèles trépassés, mais le jour variait selon les lieux et ce n'était que pour les défunts de l'endroit ou pour des parents ou des bienfaiteurs. La charité de saint Odile a fait étendre cette commisération à tous les fidèles trépassés.

Admirable charité, dont peut-être un jour nous ressentirons nous-mêmes les effets salutaires et qui attira la miséricorde de Dieu sur ces défunts pour lesquels on croyait n'avoir plus à prier, sur ces âmes délaissées du purgatoire auxquelles personne ne songeait parce qu'elles n'avaient plus ni parents ni amis, ou parce que, par leur faute peut-être, elles n'avaient laissé sur la terre que des parents sans religion et ne s'étaient entourées pendant leur vie ici-bas que d'amis sans foi et sans pitié, incapables de comprendre ou ne voulant point entendre cette plainte d'outre-tombe : *Miseremini mei, miseremini mei saltem vos amici mei.* Ayez pitié de moi, ayez pitié de moi, vous du moins mes amis, parce que la main de Dieu m'a frappé : *qui a manus Domini tetegit me* [1].

Pauvres âmes ! du milieu de leur prison de flammes elles redisent cette plainte amère dont la douloureuse réalité a ému si profondément le cœur de saint Odile : « Mes parents m'ont abandonné, et ceux qui me connaissaient m'ont oublié. » [2]

[1] Job. XIX.

[2] *Dereliquerunt me propinqui mei, et qui me noverant oblitisunt mei.* (Job. XIX, 14).

Ces âmes bien souvent nous assurent qu'elles se trouvent grandement soulagées par les prières de ce même abbé Odile, p. 66.

Le pieux abbé Odilon fixa pour la commémoraison de tous les fidèles trépassés un jour que l'Eglise a ensuite adopté. Il décida qu'après avoir fait la commémoraison de tous les Saints le premier novembre, le lendemain, deuxième jour de novembre, on ferait la commémoraison de tous les fidèles défunts.

On découvrit dans un manuscrit[1] le décret de saint Odile où il était dit que, pour célébrer cette commémoraison qui devait être de tous les fidèles défunts trépassés depuis le commencement jusqu'à la fin des temps, le premier novembre après le chapitre, les celleriers distribueraient du pain et du vin à tous les pauvres qui se présenteraient; on sonnerait toutes les cloches et on chanterait les vêpres des morts; le lendemain, deuxième jour de novembre, tout serait comme aux jours de solennité, tous les frères offriraient ou célèbreraient le saint sacrifice de la messe pour le repos de tous les fidèles défunts, et on nourrirait

[1] Bibliothèque de Cluny.

douze pauvres; saint Odilon ajoutait :
« Nous voulons que ce décret s'observe
« à perpétuité. Si quelqu'un prend
« exemple sur cette pratique, qu'il soit
« comblé de bénédictions et il participera
« à nos bonnes intentions. »

Ce décret était daté de l'an 1010,
d'autres prétendent qu'il remonte à l'an
1002. Les Papes approuvèrent cette pieuse
institution et voulurent l'étendre à toute
l'Eglise : de là est venue la fête lugubre
du deux novembre dite Fête des Morts.

Le martyrologe romain rappelant cette
institution annonce en ces termes la
mort de saint Odile au premier janvier :
« A Souvigny, saint Odilon, abbé de
« Cluny, qui le premier prescrivit aux
« religieux de son ordre de faire la
« commémoraison de tous les fidèles
« défunts. Cette pratique fut dans la
« suite approuvée et adoptée par l'Eglise
« universelle. »

Voici un fait par lequel Dieu fit connaitre combien la dévotion de saint Odile
pour les saintes âmes souffrantes du
purgatoire lui était agréable.

Un religieux, soldat de l'Abbaye de la

Voulte, s'en alla à Jérusalem prier sur le tombeau du Sauveur. Après avoir visité les Saints Lieux de Palestine, il prit le chemin du retour; mais voici qu'une tempête s'étant élevée, il fut jeté sur une ile près de Sicile du côté de Tessalonique. Là il rencontra un vénérable ermite qui le reçut charitablement. Après quelque temps d'entretien, le solitaire, apprenant que l'étranger était Français, lui demanda s'il connaissait l'abbaye de Cluny et s'il avait entendu parler d'un saint personnage nommé Odile. Le pèlerin, fort étonné d'entendre prononcer le nom de l'abbaye de Cluny sur cette terre lointaine par un homme qui paraissait ne devoir connaitre que son ile déserte, lui répondit qu'il ne connaissait de vue ni Cluny ni l'abbé Odilon, mais qu'il en avait bien souvent entendu parler par l'abbé de son pays qui en dépendait.

« S'il en est ainsi, lui dit le solitaire.
« écoutez-moi et rapportez mes paroles
« à vos frères, quand vous serez de
« retour dans votre patrie. Nous avons
« près d'ici un endroit où l'on voit des

« flammes et des embrasements horri-
« bles, où d'ordinaire les âmes de ceux
« qui n'ont pas encore parfaitement
« satisfait pour leurs péchés gémissent
« et disent éprouver divers supplices,
« selon la diversité des fautes qu'elles
« ont commises en ce monde. Nous
« entendons leurs voix, et l'expression
« douloureuse de leurs plaintes nous
« oblige à gémir pour elles.

« Ces âmes bien souvent nous assu-
« rent qu'elles se trouvent grandement
« soulagées par les prières de ce même
« abbé Odile que je vous ai nommé.
« Ses prières et celles de ses moines
« sont, en effet, si efficaces auprès du
« Souverain Juge qu'il est peu de jours
« qu'elles n'obtiennent la délivrance de
« quelques-unes de ces âmes souffrantes.
« Dieu, dans sa bonté, a daigné me
« l'indiquer.

« Je vous en conjure donc, au nom de
« l'adorable Trinité, rapportez fidèlement
« tout ce que je viens de vous dire à vos
« pieux et saints frères; dites-leur de
« continuer de mieux en mieux leurs
« prières, leurs jeûnes, leurs aumônes et

« leurs sacrifices pour ces pauvres âmes
« afin qu'elles soient bientôt délivrées
« de leurs peines ; et que les élus soient
« dans la joie. Dieu a permis que vous
« vous égariez pour que je puisse vous
« communiquer ce que je sais de l'abbé
« Odilon, qui a su obtenir de la miséri-
« corde infinie du Seigneur des faveurs
« si extraordinaires pour les âmes du
« purgatoire. »

Saint Pierre Damien nous donne cette
révélation comme faite du vivant de saint
Odile. Selon lui, ce serait après en avoir
eu connaissance que le saint abbé aurait
fait son décret pour l'institution de la
commémoraison de tous les fidèles défunts.

Un religieux nommé Burchard, écrivant à Cluny, rapporte un fait qui a
quelques traits de ressemblance avec
celui qu'on vient de lire, mais la révélation dont parle ce religieux aurait eu
lieu après la mort du saint, et, d'après
cette révélation, l'intercession de saint
Odile obtiendrait de Dieu la délivrance
de toutes les âmes des fidèles trépassés

détenues en purgatoire le lundi et le mardi de chaque semaine [1].

Pour augmenter dans les cœurs des fidèles la dévotion aux âmes du purgatoire joignons à ce récit un autre fait se rapportant à la vie de notre saint qui démontrera encore davantage l'utilité et l'efficacité de la prière pour les morts.

Benoît VIII, lorsqu'il siégeait sur la chaire de Saint-Pierre, chérissait Odilon et le comblait de libéralités. Chaque fois

[1] Eloge de saint Odile par dom Mabillon.

que le pieux abbé venait à Rome se prosterner aux pieds du chef de la sainte église et vénérer les reliques des princes des apôtres Pierre et Paul, ce souverain pontife lui faisait le plus grand accueil et lui fournissait ce qui était nécessaire à son voyage. Benoît VIII mourut, et en l'année 1025, son frère, fils de Grégoire, comte de Tusculum, lui succéda sur le siège apostolique sous le nom de Jean XIX.

En ce temps l'âme de Benoît VIII apparut à l'évêque de Porto et à deux autres prélats, leur faisant connaître qu'elle ne jouissait pas encore de la vue de Dieu dans le séjour de la gloire et de l'éternelle lumière; mais qu'elle était détenue pour quelques fautes dans le lieu d'expiation et de ténèbres, souffrant beaucoup de divers tourments et du feu du purgatoire dont elle était cependant soulagée par les prières et les pénitences d'Odile, abbé de Cluny. Cette âme ajouta que Dieu avait décidé de la délivrer par les suffrages de ce saint abbé. Elle supplia donc les prélats de se rendre auprès de son frère le Pape Jean XIX, pour le prier d'envoyer une ambassade à Cluny, afin de prévenir l'abbé Odilon.

Les prélats firent selon la vision qu'ils avaient eue. Le Pape Jean XIX, pénétré de douleur à leur récit, envoya de suite Jean, évêque de Porto, avec un message, à Cluny. Cet évêque partit en toute hâte; mais arrivé à Pavie, la maladie l'obligea de s'arrêter au monastère de Saint-Mayol. Il envoya donc à sa place un religieux porter le message du Pape à Cluny.

Ayant reçu la nouvelle, Odile convoqua tous les moines de son monastère: il leur demanda d'augmenter, s'il était possible, la rigueur de leurs austérités, leur faisant connaître le but de cette demande. Il ordonna en même temps à tous les monastères de sa dépendance de grandes aumônes, des pénitences et fit célébrer chaque jour le saint sacrifice pour l'âme du souverain Pontife. Lui-même ne cessa d'implorer la divine clémence. Tous ses religieux imitèrent son exemple et adressèrent au ciel leurs plus humbles et leurs plus ferventes supplications.

Quand le temps de l'expiation fut à son terme il plut à Dieu de le faire connaître en songe à un religieux de sainte vie, nommé Eldebert, qui était chargé, au nom de la communauté, des œuvres de miséricorde envers les pauvres.

Ce saint religieux vit un personnage, beau de visage et tout respendissant, suivi d'un grand nombre d'autres vêtus de blancs, pénétrer dans le cloître du monastère. Entré au chapitre où était le pieux abbé Odile, le personnage mystérieux s'arrêta devant lui, inclina la tête jusque sur ses genoux, montrant par son attitude qu'il remerciait avec effusion et qu'il rendait humblement grâce à toute la communauté.

Le bon moine Eldebert, grandement surpris, demanda quel était ce personnage si beau qui remerciait si humblement. Il lui fut répondu que c'était le souverain Pontife Benoît VIII qui délivré du purgatoire et en possession du bonheur des élus dans la Céleste Patrie, grâce aux prières de l'abbé Odilon et de ses religieux venait l'en remercier.

Le bienheureux cardinal Pierre Damien, après avoir rapporté cette vision nous invite à reconnaître l'éclatante sainteté d'Odilon à l'intercession duquel il plut à Dieu de remettre la délivrance de celui-là même qui en vertu de sa dignité suprême de Souverain Pontife avait tenu les clefs du royaume des cieux.

SAINT ODILE
Puissant intercesseur auprès du trône de Dieu
pour les âmes du Purgatoire
PRIEZ POUR NOUS.

CHAPITRE II

**Portrait de saint Odile, ses écrits.
Jugements portés sur lui par les hommes
les plus célèbres de son temps.**

AINT ODILE était d'une taille moyenne, d'une très grande maigreur. Il avait le teint pâle et les cheveux blancs. La gravité de son maintien était tempérée par la grâce et la gaîté de son visage. Sa vue portait la joie dans les âmes. Douce et affable, sa physionomie, cependant, prenait une expression terrible en face des orgueilleux et des méchants. Ses yeux, bien souvent baignés des larmes de la componction, étaient limpides et si brillants qu'on ne pouvait y arrêter le regard sans être saisi d'étonnement et de respect. Quand il élevait la voix, son ton mâle, éloquent, harmonieux, tout empreint de l'expression de la charité, pénétrait son auditoire et lui gagnait les cœurs. En conversation il était gracieux et suave. D'une nature franche qui ne savait dissimuler, il était simple et sans affectation et il appelait le mensonge une maladie pestilentielle. La beauté de ses traits, sans être la vertu, en était chez lui le reflet.

Odilon unissait la science à la vertu. Il composa plusieurs ouvrages de mérite et quelques-uns furent écrits sous son inspiration. On a conservé de lui la *Vie de sainte Adélaïde*. La délicatesse de cet écrit et le parfum de piété qu'on y respire en rendent la lecture très agréable. On y retrouve plusieurs coutumes en usage alors dans l'Eglise, entre autres l'adoration rendue à la sainte Eucharistie, témoignage contre les hérétiques qui ne voudraient pas voir remonter aussi loin dans les âges cette adoration qui les gêne pour établir leurs fausses doctrines. Saint Odile composa la vie de cette impératrice par reconnaissance pour cette noble et sainte fondatrice de Cluny, et il recommande la lecture de cette vie à ses frères pour leur en conserver le souvenir et en même temps comme un sujet de grande édification.

Nous avons de saint Odile la *Vie de saint Mayol,* qui est moins une histoire qu'un panégyrique de son illustre prédécesseur [1].

Saint Odile laissa plusieurs sermons où les Pères Grecs et Latins étaient cités avec des marques d'un grand respect.

Il écrivit de nombreuses lettres faisant preuve d'un grand savoir et fort éloquentes; diverses poésies, entre autres une hymne à sainte Adélaïde pour les vêpres de son Office; deux hymnes en l'honneur de la Très Sainte-Vierge Marie, l'une pour fêter sa nativité, l'autre pour son Assomption. Un poème de cinquante trois vers sur la mort de saint Henri, empereur.

Dans la *bibliotheca cluniacensis* on a conservé quatre hymnes de saint Odile, composées pour l'office de saint Mayol [2].

[1] Lire la vie de saint Mayeul, abbé de Cluny, par saint Odile, nouvellement publiée par le R. Dom Mayeul Lamey, prieur de Souvigny et de Cluny.

[2] L'abbé Ogertias dans son histoire de saint Mayol a transcrit ces hymnes avec une très belle traduction en vers français par M. l'abbé Fayet.

Ce saint abbé prit un soin particulier pour la rédaction des diplômes et chartres de son abbaye.

C'est sur son ordre que Syrus a écrit la vie et les miracles de saint Mayol.

D'après un manuscrit de Souvigny, on a publié de saint Odile un sermon sur la Nativité de la Très Sainte-Vierge Marie, et un autre sur la Sainte Croix.

Pierre de Blois, en faisant à Richard, évêque de Londres, l'éloge des exhortations de l'abbé Odilon, rapporte de lui certains passages admirables sur le Très Saint Sacrement de l'Eucharistie.

Saint Odile est compté parmi les savants du XIᵉ siècle.

Une louange poétique sur saint Mayol commence par une dédicace à Saint Odile que l'auteur nomme vénérable par ses vertus, remarquable par sa science, soleil du Seigneur comme l'indique son nom [1].

Il convient d'ajouter ici les titres élogieux donnés à l'illustre et saint abbé, tant pour sa vertu que pour son savoir

[1] Oydélius.

par les hommes les plus célèbres de son époque.

Fulbert, évêque de Chartres, surnomme Odile l'archange des moines. Ecrivant au saint abbé, il lui dit qu'il ira le visiter pour prendre conseil de ses lumières parce qu'en lui habite le Saint-Esprit.

Ce même évêque Fulbert, s'adressant à Leutheric, archevêque de Sens, lui conseille de se fier entièrement à l'expérience d'Odile pour assurer et son honneur selon le monde et son éternité.

Abbon de Fleury regarde Odilon comme le porte-étendard de tout l'ordre Bénédictin.

Pierre de Poitiers dit à l'Auvergne qu'elle peut être fière d'avoir produit un personnage si remarquable ; et, dédiant son panégyrique à Pierre-le-Vénérable, abbé de Cluny, il lui souhaite l'esprit d'Odilon.

Saint Bernard recommande à la méditation des moines de Cluny la vie des Mayeul et des Odilon.

Sigebert félicite saint Odile d'avoir élevé son monastère à un remarquable degré de ferveur pendant les cinquante-six ans de son administration, et il dit que cet homme de la plus insigne piété a donné des preuves de sa sainteté non-seulement par sa vie exemplaire mais encore par des miracles.

CHAPITRE III

Miracles opérés par saint Odile de son vivant.

IEU, pour faire des miracles, se sert de ceux qu'il a choisis pour être la lumière du monde afin qu'ils jettent un plus vif éclat au milieu des hommes.

Le don des miracles est une gloire ajoutée à la vie des saints.

Comme le dit saint Pierre Damien, les miracles sont à la vie des saints comme une garniture de diamants à une table d'or. Leur récit ne doit donc pas être passé sous silence.

Saint Odile avait lui-même fait écrire à Syrus deux livres des miracles de saint Mayol. De même, ses historiens ont recueilli les siens et saint Pierre Damien les transcrit tout au long faisant précéder son récit d'une préface dans laquelle il déclare ne vouloir dire que ce qui est vrai, suppliant la souveraine vérité de lui donner la brièveté et d'éloigner de lui tout mensonge.

Guéri miraculeusement lui-même dans son enfance, saint Odile reçut encore le don de guérir les autres. Choisi pour être la lumière du monde. *(Vos estis lux mundi)* son premier miracle fut pour rendre la lumière des yeux à un aveugle-né.

Le saint, visitant une propriété qui dépendait du monastère, entra dans une maison où il aperçut près de l'âtre un enfant. Odile aimait tendrement l'enfance; le royaume des cieux est à ceux qui leur ressemblent.

S'intéressant donc à cet enfant, il demanda quels étaient ses parents. On

lui répondit qu'il était le fils de l'inten-
dant du monastère et que le pauvre petit
était aveugle. Le saint alors attira à lui
l'innocent. Après avoir prié dans l'intime
de son âme, se recueillant, nous dit saint
Pierre Damien, comme un homme qui
se sentant tout à coup revêtu de la
puissance de Dieu, n'est pas accoutumé
à servir d'instrument pour de telles merveilles, il fit le signe de la croix sur les
yeux du petit aveugle et au nom du
Seigneur tout-puissant il lui rendit l'usage
de la vue.

Dans un monastère du Mont-Jura, il
se trouvait un autre enfant tourmenté
de cette terrible maladie que l'on appelle
le haut mal ou mal caduc. Ce mal agis-
sait tellement sur les nerfs du pauvre
petit que souvent il ressemblait à un
possédé, et quand la crise était passée il
avait l'air plutôt d'un mort que d'un
vivant. Emu de compassion pour une
telle infirmité, Odile, après avoir adressé
à cet enfant des paroles de consolation,
ordonna aux religieux de se mettre en
prière pendant que lui-même allait célébrer le saint sacrifice de la messe. Il

commanda au petit infirme d'y assister, lui administra de sa main le Saint Sacrement, lui fit boire de l'eau dans le calice de l'abbé saint Mayol et aussitôt le mal quitta l'enfant qui n'en ressentit plus aucune atteinte.

Ami de l'innocence, Odile opérait aussi des merveilles pour la conversion des pêcheurs.

Dans un des voyages de notre saint, un malfaiteur l'ayant suivi jusqu'à l'endroit où il s'était arrêté pour y passer la nuit, pénétra dans l'étable où était sa monture afin de s'en emparer. Mais voici qu'à peine sortis de l'étable le voleur et le cheval, comme frappés tout à coup de paralysie, demeurent immobiles. Ils restèrent ainsi l'un et l'autre toute la nuit à la porte de l'abbé. Quand le jour fut venu le saint aperçut dans cet état notre homme qui tremblant d'épouvante et poussé par le repentir lui demanda pardon en avouant son mauvais dessein. Odile, dont l'extrême bonté avait en horreur la vengeance, ne chercha qu'à rendre le bien pour le mal. Au lieu d'inquiéter le coupable il défendit qu'on lui fît aucun dommage, et, le voyant suffisamment contrit, il lui dit avec un aimable sourire : « Mon ami, vous avez bien voulu garder toute la nuit mon cheval, il n'est pas juste que vous ayez à cause de moi perdu votre temps sans profit. » Prenant alors la main du voleur il y glissa une récompense, et continua ensuite sa route, laissant le larron confus et converti.

Le roi saint Henri, se rendant à Rome pour y être couronné empereur, se fit accompagner par l'abbé Odilon. En passant par Pavie, ils s'arrêtèrent pour célébrer la fête de Noël. Le soir de cette grande solennité, ils prirent leur repas. Il se trouvait à cause du roi une foule de serviteurs parmi lesquels se glissa un voleur

Pendant que les serviteurs étaient occupés à servir le repas du soir, ce voleur déroba une nappe de grand prix qui avait servi le matin à l'autel ou saint Odile avait célébré le Saint Sacrifice. Le lendemain on la chercha inutilement. Les serviteurs en étaient très affligés, craignant qu'on les soupçonnât d'infidélité ou de négligence. Saint Odile leur dit de remettre une autre nappe et de ne point s'inquiéter. Le voleur chercha inutilement à vendre l'objet volé, personne n'en voulut, il ne put s'en défaire à aucun prix. Bientôt il ressentit aux pieds et aux mains, instruments de son vol, de telles douleurs que ses membres se desséchèrent. Dieu, qui demande non point la mort du pécheur, mais sa conversion, avait envoyé ce châtiment à cet homme pour le porter au repentir et pour montrer en même temps qu'on ne devait pas offenser son serviteur Odile. Le malheureux comprit la leçon. Touché par le remords, il se fit porter dans l'église de Saint-Mayol, demandant pardon au nom des mérites de ce saint. Il s'accusait lui-même en montrant la nappe qu'il tenait entre les mains. On le prit en pitié, on implora pour lui l'assistance de Mayol. Dieu exauça les prières du saint abbé Odile et des religieux et la vie revint aux membres de cet homme. La nappe fût suspendue comme un *ex-voto* dans l'église.

Voici encore d'autres faits miraculeux attribués à saint Odile de son vivant.

Le saint abbé étant à la cour du même empereur saint Henri, on plaça sur la table de l'empereur un vase en cristal très précieux, provenant des ateliers d'Alexandrie; il était enrichi de peintures artistiques et rempli de parfums. L'empereur eut l'idée d'en faire honneur à la table d'Odile. Il le fit donc porter par deux chapelains de la cour, Alberic et Landulphe, plus tard évêques, l'un de Cûmes (ou Come) et l'autre de Turin. S'acquittant de cette commission, les chapelains déposèrent ce vase précieux en face de l'abbé, avec tout le respect dû à sa dignité. Odile reçut cette marque d'honneur et ce témoignage de respect de l'empereur avec beaucoup d'humilité. Les chapelains s'en retournèrent ensuite auprès du roi. Après le repas, Odile s'étant retiré, les moines du saint abbé, poussés par une curiosité bien excusable, voulurent examiner de plus près cet objet d'art; mais voici qu'en le faisant passer de mains en mains ils le laissèrent tomber et le vase fut brisé. L'homme de Dieu, aussitôt prévenu, en fut attristé, surtout parce qu'il craignait que l'empereur n'en rejetât la faute sur les chapelains qui l'avaient apporté. Dans cette crainte, il se rendit à l'église et fit prier ses religieux pour que leur faute ne porte point préjudice aux innocents et ne leur ravisse point la faveur de l'empereur. Après quoi il se fit apporter les débris du vase précieux. Quand l'objet fut entre ses mains, Odile devant ses religieux le retourne et le regarde, il était intact; les morceaux étaient si bien réunis qu'il était impossible d'y retrouver la moindre trace de fracture. Pour empêcher que ce miracle ne lui fût attribué, le saint réprimanda ses moines d'avoir voulu faire croire que ce vase était brisé alors qu'il n'avait point de mal. Mais les religieux témoins du prodige n'en louèrent pas moins le Dieu Tout-Puissant d'opérer de telles merveilles par les mains de leur supérieur.

A Rome, le saint était logé au couvent de la Mère de Dieu, sur le mont Aventin. *Monasterium sacræ Puerperæ Virginis;* le saint abbé était alors avancé en âge et le vin qu'on lui servit étant d'un pays étranger il ne put en supporter le goût.

Se sentant fatigué il pria le cellerier de lui offrir s'il le pouvait d'autre vin. Il y en avait, mais en si petite quantité qu'on ne pouvait en donner à tous. On en servit donc seulement à Odile. Après l'avoir accepté, Odile en servit au supérieur de la maison qui se trouvait placé en face de lui; puis, à la fin du repas, se tournant vers ses frères notre saint leur dit : « Vraiment j'ai honte d'avoir été mieux traité que vous; je ne suis pas charitable de ne vous avoir pas offert de ce que l'on m'a servi. » En même temps il prend une coupe et la présente aux religieux voulant qu'ils en acceptent tous. Le vin par miracle augmentant dans la coupe on put en servir aux douze religieux qui étaient présents.

Ce miracle se renouvela au monastère du Val-d'Or, à Paray-le-Monial. Saint Odile était venu faire visiter ce monastère à quelques étrangers. Le cellerier n'ayant qu'une très petite provision de vin à distribuer en offrit seulement aux nouveaux arrivés, mais le saint commanda d'en servir aussi à tous les religieux. Le cellerier obéit et non-seulement il put en servir à tous mais encore à la fin du repas il se trouva que le vin n'avait point diminué dans l'urne.

Un soldat ayant perdu l'usage de la parole, fut averti en songe que, s'il buvait de l'eau dans laquelle l'abbé Odile aurait trempé les doigts, la voix lui reviendrait. Il se rendit donc à l'église pour y prier de cœur: car sa langue ne pouvait articuler aucune parole. Les serviteurs du saint lui apportèrent l'eau qu'il demandait et on la lui présenta dans le calice de saint Mayol. Peu après avoir bu de cette eau le soldat fut guéri et il put remercier Dieu à haute et intelligible voix.

Une année comme on approchait de la fête de Noël, saint Odile, absent de son monastère, voulut y revenir pour y célébrer l'enfantement de la Vierge. Il partit donc de grand matin avec ses religieux afin d'arriver au monastère de Saint-Marcel (faubourg de Chalon), à l'heure où on proclamerait à l'église le message de l'ange annonçant le Sauveur. Mais voici que le ciel soudain s'obscurcit, la violence du vent rendait la marche pénible et la pluie tomba par torrent. Odile exhorta ses compagnons de route à supporter vaillamment la fatigue. A un endroit, une rivière qu'il fallait traverser et qui d'ordinaire à cette saison se trouvait presque à sec, était alors tellement grossie par les pluies, qu'elle débordait dans la plaine, et il était impossible de passer. Après avoir vainement cherché un gué, l'homme de Dieu, indiquant au hasard, dit : « Mes frères, ayez confiance, ici on peut traverser. » Les religieux passèrent en effet avec de l'eau jusqu'aux genoux. Odile lui aussi était entré dans l'eau ; mais, comme l'attestent les témoins, tandis que tous étaient mouillés et transis de froid, on ne vit pas même les traces de l'eau marquer aux courroies de sa chaussure. Arrivé au monastère du martyr saint Marcel, on s'arrêta pour se réchauffer et pour sécher les vêtements. Saint Odile prit occasion de cet arrêt pour consoler ses compagnons de route de leur mésaventure et les encourager pour l'avenir : « Au milieu des fatigues sans nombre, leur dit-il, que vos cœurs jamais ne défaillent. A travers les obstacles du chemin et les peines de la vie, c'est vers le ciel que nous avançons. Ayez confiance, le souvenir de vos fatigues, un jour, vous remplira de joie. C'est en l'honneur de la Bienheureuse Vierge Marie Mère de Dieu que nous sommes venus ici sans compter les difficultés du chemin : sa maternelle bonté saura bien nous récompenser sans mesure. »

Un jeune soldat, nommer Mainer, était devenu fou. Renvoyé du service, il sortait de sa maison pour errer dans les champs où on le rencontrait sans vêtements et poussant des hurlements sauvages, ne voulant prendre ni repos ni nourriture. Odile en fut averti. Touché de compassion pour un état si lamentable, il alla avec ses religieux se prosterner devant l'autel; puis s'approchant de l'insensé, il l'aspergea d'eau bénite et le força à en avaler; il lui ordonna ensuite de se retirer. Saint Odile s'éloigna de son côté. Mainer, retrouvant l'usage de la raison, demeura quelque temps comme paralysé par la surprise. Quand il revint de son étonnement, il voulut courir après le saint pour le remercier; mais Odile, qui n'aimait pas les louanges, avait mis le temps à profit pour disparaître. Le soldat alla jusqu'à Cluny pour remercier Dieu et le saint abbé. Il lui porta des poissons en témoignage de sa reconnaissance. L'année suivante, il voulut encore montrer à saint Odile que le temps ne lui faisait point oublier le bienfait, et il partit de nouveau pour Cluny. Mais là il apprit que le saint était à Souvigny. Il se remit aussitôt en route et arriva à Souvigny le jour même de la mort du saint abbé Odile. Ce fut donc au tombeau de celui dont Dieu s'était si admirablement servi pour le guérir qu'il dut offrir ses actions de grâces pour un miracle opéré par notre saint de son vivant.

Saint Odile fit encore beaucoup d'autres miracles pendant sa vie. Nous n'avons pas la prétention de les rapporter tous. Du reste, combien sont demeurés inconnus, car on sait le soin que prenait le saint abbé pour les tenir cachés ou pour attribuer à d'autres causes qu'à l'effet de sa sainteté les merveilles qu'il opérait. Il guérissait beaucoup de personnes de la fièvre, et dans ces guérisons, il se servait ordinairement du calice de saint Mayol. C'est ainsi que ces deux illustres saints, étroitement liés d'amitié pendant leur vie, demeuraient encore unis par delà la tombe dans les miracles qu'ils opéraient, et Dieu voulut que la mort même ne puisse point les séparer.

TROISIÈME PARTIE

—

CHAPITRE I

Derniers instants de saint Odile.
Sa mort.

A sentence portée par Dieu après le péché frappe tout homme qui vient en ce monde. Jésus-Christ, le Fils de Dieu fait Homme, a voulu lui-même s'y soumettre. Notre saint dut aussi la subir.

Cinq ans avant sa mort, saint Odile ressentit de vives douleurs dans son corps.

Regardant la maladie comme l'annonce

de la mort, il voulut se rendre à Rome. Plus d'une fois déjà il était allé se prosterner aux pieds du Pape. Notre saint, dont les rois réclamaient les conseils, allait à son tour prendre conseil du chef de la sainte Eglise. Malgré les difficultés et les périls des voyages d'alors, plus difficiles et plus périlleux encore pour son âge avancé, Odilon était heureux d'aller, avant de mourir, recevoir une dernière bénédiction du Souverain Pontife.

Admirable modèle de respect, d'humble soumission et d'amour filial envers celui auquel Notre-Seigneur Jésus-Christ a remis le pouvoir souverain sur toutes les âmes, des petits et des grands, des pauvres et des riches, des sujets et des rois, des fidèles et des pasteurs.

C'est, en effet, le Pape qui a reçu les clefs du royaume des Cieux; c'est à lui que Jésus-Christ a dit: Dirige mes agneaux, dirige mes brebis.

Le Pape, c'est le vicaire de Jésus-Christ, son représentant sur la terre, le chef visible de la seule véritable Eglise catholique, apostolique, romaine dont

Jésus-Christ est le chef invisible. Cette Eglise de Jésus-Christ, le Pape la gouverne en dépit de l'Enfer depuis bientôt dix-neuf cents ans, tantôt sous un nom, tantôt sous un autre, toujours grand et glorieux même et davantage encore dans les tribulations, depuis Pierre, le premier pape, dans les chaînes de la prison Mamertine, jusqu'à Léon XIII, le vénérable prisonnier du Vatican. Satan, la bête de l'Apocalypse, dressant trois têtes orgueilleuses, le schisme, l'hérésie, l'athéisme ou l'impiété, qui ont divisé les empires, ébranlé et renversé les trônes, s'attaque en vain, depuis dix-huit siècles, au siège de Pierre. Le Pape vit, il règne, il commande, en père respectueusement aimé et obéi. C'est lui le fondement de l'Eglise de Jésus-Christ : « Tu es Pierre, « et sur cette pierre je bâtirai mon « Eglise. » Sans lui Jésus-Christ n'aurait plus son Eglise sur la terre, et comme l'Eglise de Jésus-Christ demeurera toujours, toujours le Pape vivra pour confirmer ses frères. Les portes de l'enfer ne prévaudront point contre l'Eglise; elles ne prévaudront point non plus contre le

Pape, fondement de l'Eglise « *Non præ-valebunt* ». L'impie qui se vantera d'aller à Rome abattre cet arbre dix-huit fois séculaire tombera lui-même et l'arbre demeurera debout.

Saint Odile désirait faire le sacrifice de sa vie à Rome, dans cette ville éternelle où Jésus-Christ a placé le siège de Pierre, dans cette ville du Pape et des martyrs, sous la protection de saint Pierre et de saint Paul, auprès du tombeau de ces princes des apôtres.

Il demeura malade quatre mois à Rome. Pendant sa maladie, il fut visité par le pape Clément II avec des marques d'estime et de vénération qu'on ne donne qu'aux saints.

Au lieu de mourir, comme il s'y attendait, il se trouva mieux et reprit le chemin de Cluny où il passa encore un an, affligeant son corps par la pénitence autant que le permettait son état de faiblesse. Après ce temps, il partit pour faire une dernière fois la visite de ses monastères, comme l'avait fait son pré-décesseur saint Mayol avant de mourir. Il arriva à Souvigny. Il était déjà venu souvent pour visiter les travaux d'agrandissement de l'église où reposait le corps de saint Mayol.

Souvigny, à trois lieues de Moulins en Bourbonnais, est situé sur le penchant d'une colline couronnée de vignobles au pied de laquelle le ruisseau de la Queune serpente dans un gracieux vallon à travers de riches prairies qu'il arrose. C'est une ville fort ancienne; elle existait avant l'invasion de César dans les Gaules; c'était la fameuse Gergovia Boiorum, la capitale des Boiens; les Venètes de l'Adriatique, fuyant devant Attila, y vinrent apporter les coutumes religieuses de Venise, comme l'atteste encore la procession du Très-Saint Sacrement qui, jusqu'en 1884, se faisait très solennellement à Souvigny chaque année le 25 avril, jour de la fête de saint Marc[1]. Souvigny, dont l'étymologie, selon les diverses opinions, serait Subvineis, ou Sylva, ou Sub Venetis, était, au dire des écrivains du Xe siècle, un lieu d'une remarquable fertilité, connu de

---

[1] Depuis 1884, cette procession est renvoyée au dimanche. Elle se fait toujours avec grande solennité.

tout l'univers pour la supériorité de ses produits ; on y venait des terres les plus lointaines [1]. La ville était environnée de murailles, munie de tours dont on voit encore les ruines. Sept portes y donnaient accès. Charlemagne y fit ses premières armes dans la guerre du roi Pépin son père contre le duc de Guyenne [2]. Elle fut la résidence des sires et duc de Bourbon. On y voit encore les restes de leur immense château, dont la vaste et très belle chapelle à trois nefs existe encore et servit autrefois d'église paroissiale.

Aymard avait fondé, en 916, dans cette ville, un monastère bénédictin qui devint bientôt le Reims et le Saint-Denis des seigneurs de Bourbon. Aymard le premier y reçut la sépulture, en 930, dans la chapelle vieille, avec son épouse Ermangarde et son fils Aymond, héritier de

---

[1] *Villam quæ dicitur Silviniacus longævus viator advenit, qui lacus peroptimus et suarum meritis copiarum toto orbe notissimus, cluniacensis cænobii sellam habet (Syrus).*

[2] *France pittoresque,* par A. Hugo, ancien officier d'état-major.

Principale entrée du Monastère des Bénédictins de Souvigny, tel qu'il existe encore de nos jours.

Bourbon. C'est dans ce monastère de Souvigny que saint Odile s'arrêta et demeura deux mois.

Pendant ce temps, la solennité de Noël approchait. Saint Odile entreprit de prêcher chaque jour au peuple la préparation de cette joyeuse fête. Un dimanche

on le pria de célébrer la messe solennelle dans l'église, devant le peuple qui était accouru en foule. Au sortir de cette cérémonie, saint Odile sentit revenir ses douleurs. La veille de Noël, se rendant au chapitre au moment où on annonçait la Nativité du Seigneur, il se prosterna la face contre terre; puis, se relevant, il prononça un sermon avec une admirable éloquence, comme s'il avait retrouvé sa première vigueur. Il fit ensuite son examen public, disant qu'il reconnaissait n'avoir rien fait de bon, si ce n'est cependant qu'il avait gardé sa virginité. Bénissant les religieux, il leur recommanda de célébrer avec grande joie la solennité de Noël, sans s'inquiéter de son état de faiblesse. A Matines, il se fit transporter à l'autel de la Vierge. Il psalmodia l'office et entonna le *Te Deum*. Dès lors, il prédit qu'il mourrait le jour de la Circoncision. Son corps ne prit presque plus de nourriture; son âme cependant ne pouvait se passer de la Sainte Communion. Il régla toutes ses affaires et celles de la communauté, fit avec joie ses recommandations pour sa sépulture. Peu de jours après, sentant le mal se porter au cœur, il confessa humblement ses fautes, il communia, puis on fit sur lui les prières de la Foi ; il reçut l'extrême onction. Se faisant apporter un crucifix, il adora Jésus en croix avec des marques d'une compassion aussi grande que s'il eût assisté à la scène du calvaire. On le porta encore une fois à l'autel de Marie où il pria en pleurant la Mère de Dieu de le prendre en pitié.

Son cœur brûlant d'amour retrouva assez
d'ardeur pour donner à sa voix la force
de chanter quelques psaumes et il eut
encore assez de présence d'esprit pour
reprendre ses frères quand ils se trom-
paient dans leur office, distraits qu'ils
étaient par la douleur à la vue de leur
Père mourant. C'était un samedi. Rapporté à l'infirmerie, il tomba en défail-
lance. On s'empressa de l'étendre sur un
cilice et sur la cendre selon son désir ;
et, comme la nuit approchait, on alluma
les lampes. Le saint abbé, reprenant
connaissance, demanda au frère Bernard,
soutien de sa vieillesse, où il était. Ayant

reçu réponse qu'il était sur la cendre et sur le cilice, il rendit grâce à Dieu. Tout à coup son visage perdit son calme, son regard devint terrible en se dirigeant du côté de l'Orient. Le démon, qui avait eu l'audace de tenter le Seigneur Jésus lui-même, venait, sous une forme sensible, livrer au serviteur de Dieu un suprême combat. Il y eut alors comme une sorte d'interlocution entre le saint et l'horible vision. « Ennemi juré de la « gloire de Dieu, disait le saint, qu'est-ce « qui t'amène ?... Si tu as quelque chose « à me reprocher, parle... Mais tu n'as « rien à faire ici... Au nom de Jésus- « Christ, ton juge et le mien, et par sa « croix, qui est ta mort et qui est ma « vie, retire-toi de moi ! » Après ces mots, le calme revint sur les traits du saint vieillard ; on vit même sa bouche sourire. Mais cet effort acheva de briser les liens qui retenaient son âme. Après avoir baisé la croix du Sauveur Jésus, muni du saint viatique, saint Odile, sans aucun mouvement du corps, s'endormit dans le Seigneur en la première veille de la nuit de la Circoncision, l'an de l'Incarnation 1049 (ou, selon d'autres, 1048, avant minuit), un dimanche, dans la quatre-vingt-septième année de son âge et la cinquante-sixième de son ordination.

Après avoir lavé et embaumé son corps on le mit sur son trône abbatial et on le porta à l'église devant l'autel des saints apôtres Pierre et Paul, où il resta exposé trois jours, dans les vêtements qu'il portait avant, comme il l'avait ordonné.

De toute part on accourut pour assister aux funérailles du saint abbé Odile, les uns pleurant la perte de leur père, les autres se consolant à la pensée de posséder dans sa pieuse dépouille une source de bénédictions. Son corps, enseveli dans un cercueil taillé dans la pierre, fut déposé dans la crypte de gauche, près de l'autel du martyr saint Laurent.

La séparation fut douloureuse pour les religieux et pour tous ceux qui avaient connu le saint abbé : car on ne pouvait le connaître sans l'aimer. Cependant un puissant motif de consolation adoucissait l'amertume des larmes : nul en effet ne pouvait douter que le jour de la mort fut

pour Odile le commencement de l'éternelle vie.

Le soir de la mort de saint Odile, un
religieux d'une grande simplicité et régu-
larité de vie, nommé Grégoire, de la ville
de Ninove en Flandre, dans le comté
d'Alost, fatigué du travail des obsèques,
vint se reposer dans la salle même ou le
saint était mort. Ce religieux n'était pas
encore complètement endormi quand
saint Odile se présenta à lui. Aussitôt le
religieux qui savait bien que le saint abbé
n'était plus de ce monde lui demanda
timidement comment il se trouvait. « Mon
frère, je suis très bien, répondit saint
Odile. A l'heure de mon trépas, ajouta-t-
il, je vis dans cet endroit de la cellule (et
il le montra du doigt) une figure hideuse,
épouvantable, qui s'efforçait de m'inspirer l'effroi; mais le Seigneur Jésus vint
me réjouir de sa présence. L'ennemi de
mon âme ne put m'ébranler; et il se
retira fort confus de n'avoir rien trouvé
à reprendre. »

Peu de temps après, c'était au carême
suivant, l'archevêque d'Amalfi, nommé
Laurent, très savant en même temps que

très vertueux, qui avait visité notre saint dans la maladie qu'il fit à Rome, mourut dans cette ville. On ensevelit son corps à l'église, et après la cérémonie un clerc de la Germanie, nommé Alberon, d'une très noble famille, proche parent du souverain Pontife Jean et intimement lié d'amitié avec saint Odile, s'endormit de fatigue dans un coin de cette même église. A peine avait-il fermé la paupière que saint Odile, dont il n'avait pas encore appris la mort, lui apparut : « Seigneur, lui dit aussitôt le clerc effrayé, depuis quand êtes vous arrivé et pour quel motif? » — « Je suis venu, répondit le saint, pour assister aux funérailles de notre ami et frère Monseigneur l'archevêque Laurent, et je n'ai point voulu m'en aller sans vous voir. » A ces mots la vision disparut.

CHAPITRE II

**Miracles opérés au tombeau de
saint Odile, translation de ses reliques.**

IEU ne tarda pas à confirmer par d'éclatants mi-
racles, qui se succédèrent
dans la suite des siècles,
la croyance universelle
que l'âme de l'abbé Odile
couronnée dans les cieux jouissait des
divines faveurs; et dès lors la confiance
dans la puissance de son intercession
attira la foule des pèlerins.

A Langoumne, propriété située à quatre
lieues de Souvigny, une pauvre veuve avait
une fille unique qui non-seulement était
sourde et muette, mais encore privée de
l'usage de la raison. Trois nuits de suite
la pauvre mère vit en songe un personnage d'une éclatante beauté, l'avertissant
d'aller à Souvigny, conduire sa fille au
tombeau d'un vieillard tout récemment
enseveli. Elle reçut en même temps l'as-

surance que sa fille avant même d'arriver se trouverait bien de cette démarche. Elle partit donc avec son enfant. Près d'une forêt, aux alentours de la ville, sa fille, qui était idiote, sourde et muette, retrouvant tout à coup l'usage de sa raison, prononça distinctement ces mots : « Ma mère, j'entends le son des cloches. » C'étaient les cloches du monastère qui sonnaient en ce moment. L'insensée comprenait, la sourde entendait, la muette parlait. L'heureuse mère et la joyeuse enfant poursuivirent plus rapidement leur course jusqu'au tombeau de ce vieillard qu'on venait d'ensevelir et qui leur fut indiqué. C'était le tombeau de saint Odile. Elles offrirent des présents en rapport avec leurs moyens, rendant grâce pour un si grand bienfait au Dieu Tout-Puissant qui opère en l'honneur des saints de si bienfaisantes merveilles.

Un jeune homme sourd et muet étant venu de l'Aquitaine au tombeau de saint Odile, son compagnon de route demanda pour lui de l'eau qui avait servi à laver le corps du saint. Il en fit boire à l'infirme et lui en mit dans les oreilles. Ils se retirèrent ensuite à l'hôtellerie. Le lendemain tous les deux revenaient apportant une offrande. L'infirme était guéri.

Un homme du Berry, venu seul et faisant comprendre par signes qu'il était muet depuis sept ans, retrouva l'usage de la parole au tombeau de saint Odile. Des curieux voulurent se rendre compte par eux-mêmes si cet homme n'avait point menti et s'il avait été réellement muet. Ils allèrent donc avec lui jusque dans son pays où ses voisins confirmèrent la vérité de sa déposition, fort surpris eux aussi de l'entendre parler.

Un samedi, la veille du dimanche des Rameaux, arriva à Souvigny un homme d'un âge avancé, conduit par un enfant. Avant même d'avoir mis les pieds dans la crypte où reposait le corps du saint, le vieillard retrouva l'usage de la vue dont il était privé depuis plusieurs années. Passant aussitôt devant son guide il alla seul se prosterner devant les reliques vénérées.

Un homme de Decize en Nivernais,

paralysé du côté droit et muet, fut apporté au tombeau de saint Odile, où il retrouva l'usage de ses membres. Il s'en retourna chez lui, bénissant Dieu à haute voix. Un grand nombre de témoins qui avaient connu cet homme déposèrent de la vérité du miracle.

Un prêtre de Bourges, dont la langue paralysée ne pouvait prononcer aucune parole, vint demander sa guérison au tombeau de saint Odile. Ne sentant point sa prière exaucée il s'en alla tout affligé. Mais à peine arrivé chez lui il sentit sa langue se délier, et proclamant lui-même le miracle, il célébra les louanges de saint abbé.

Une femme aveugle de Montluçon vint aussi demander sa guérison. Elle attendit en vain plusieurs jours. Enfin obligée de partir et cependant ne pouvant se décider à s'en retourner avec la cause de son affliction, elle alla supplier encore le saint de lui permettre de repartir. Elle versa d'abondantes larmes et pendant qu'elle pleurait ses yeux s'ouvrirent à la lumière.

Un vieillard aveugle était venu de

Tours conduit par sa fille. Après avoir mis sur ses yeux de l'eau qui avait lavé le corps du saint, comme il se faisait tard il demanda un abri; mais il était pauvre et ne trouva place nulle part. Il passa donc la nuit dehors et sans manger. Le lendemain il se fit conduire de bon matin au tombeau du saint et là, retrouvant l'usage de la vue, dans l'élan de sa reconnaissance il ne put s'empêcher de publier tout haut dans l'église et de toute la force de sa voix sa guérison, rendant grâce au Seigneur. Les fidèles qui remplissaient l'église, et les prêtres qui étaient venus en grand nombre célébrer le Saint-Sacrifice n'eurent rien de plus pressé, en entendant ces cris, que d'aller constater le miracle. Et tous ensemble remercièrent Dieu pour ce pauvre.

Au bourg de Souvigny, un marchand du nom de Rainald avait perdu la mémoire par suite de maladie. On le conduisit au tombeau de saint Odile et là on essaya, mais en vain, de lui rappeler la manière de faire le signe de la Croix. Ses parents déposèrent une offrande en son nom et promirent, s'il guérissait,

d'offrir chaque année un tribut de reconnaissance. Après cette promesse le
malade fut guéri.

Dans le comté de Flandre, un jeune
clerc nommé Gérald souffrait cruellement
d'une hydropisie qui l'empêchait de prendre toute nourriture si ce n'est avec des
douleurs intenses. Sa peau était si déme-
surément enflée qu'il ne pouvait se tenir
debout ni s'asseoir sans danger. Il suffo-
quait sans cesse et était privé de l'usage
de ses membres. Son état était si lamentable qu'il aurait préféré la mort. Il eut
l'inspiration de se rendre à Souvigny. On
le porta avec la plus grande peine au
tombeau de saint Odile. Il supplia avec
larmes le saint de lui accorder son secours.
Aussitôt un flot de sang s'échappa de sa
bouche et le malade se relevant alors se
déclara guéri. L'hydropisie avait en effet
disparu. La peau de l'estomac tendue
outre mesure, pendant si longtemps for-
mait après la guérison, de vastes replis
attestant quelle avait été la force du mal.

Un fermier des religieux de Saint-
Mayol nommé Robert avait perdu l'usage

de la raison. Il fut conduit malgré lui au tombeau de saint Odile. Ses parents déposèrent pour lui une offrande et il fut guéri.

Un misérable assassin s'était emparé par vengeance de son ennemi: et, pour que celui-ci ne puisse s'échapper, après l'avoir lié, il l'enferma dans un coffre muni de fortes serrures et recouvert d'un énorme amas de pierres qui étouffait le son de sa voix et empêchait ses cris de détresse d'être entendus. L'infortuné, n'ayant plus que la mort et une mort affreuse en perspective, sans espoir du côté des hommes, mit toute sa confiance en Celui qui voit dans les plus profondes ténèbres, qui lit dans les secrets des cœurs et qui entend les gémissements de l'âme. Il pria Dieu au nom de saint Odile de lui rendre la liberté. Pendant qu'il faisait cette prière, une voix tout à coup lui cria de sortir. Il obéit à la voix et, sans qu'il ait pu savoir comment, les pierres se trouvèrent dispersées et les serrures du coffre brisées. Le captif délivré d'une mort certaine courut au tombeau de saint Odile et l'excès de sa reconnaissance fit connaître à tous l'importance du miracle qui venait de s'opérer.

Sur le territoire d'Autun, près de Moulins, sur les bords de l'Allier, dans une maison appartenant à une noble dame du nom d'Ermingarde, une jeune fille depuis plusieurs années vivait étendue sur un lit de souffrance, sans pouvoir se servir de ses membres. Elle fut avertie en songe d'avoir à se rendre au tombeau de saint Odile. Elle obtint d'un serviteur qu'on la conduisit dans un chariot à Souvigny. Arrivée près de l'église on la descendit du char et elle avança vers les reliques du Saint. On la soutenait avec peine et sa tête était courbée sur ses genoux. A peine eut-elle touché le tombeau de saint Odile que la force revint à ses membres, son corps se redressa, et la voyant guérie tous bénirent le Seigneur. La jeune fille voulut s'en retourner; mais Dieu avait ses desseins. Après avoir franchi les portes de la ville ses forces l'abandonnèrent de nouveau, et elle se sentit retomber dans le même état où elle était avant son arrivée. On la ramena aussitôt au tombeau du Saint, qu'elle supplia de la prendre en pitié. Une seconde fois elle fut guérie. Mais dès lors elle n'osa plus passer l'endroit où la main de Dieu l'avait de nouveau frappée et elle resta dans ce pays, à Souvigny.

Le même jour une autre jeune fille de Souvigny, qui souffrait de vives douleurs à la poitrine et qu'une faiblesse extrême des jambes empêchait de marcher, fut portée par son père au tombeau de saint Odile où elle retrouva aussitôt la force de marcher et d'où elle repartit en parfaite santé.

Ce jour-là encore une femme pauvre de Souvigny fut guérie. Et comme c'était un jour de grande solennité, la fête des saints apôtres Pierre et Paul, il y avait une foule énorme témoin de ces trois miracles. La foule transportée d'admiration chanta des psaumes avec les clercs. On célébra à l'envi la gloire de Dieu si admirable dans ses Saints : « *Mirabilis Deus in sanctis suis.* »

Nous ne rapportons ici que les miracles opérés peu après la mort de saint Odile et qui ont servi à sa béatification.

Mais qui pourra compter le nombre des miracles qui eurent lieu dans la suite?

Ceux qui de nos jours invoquent saint Odile reçoivent encore des marques de sa puissante intercession. Dans ces dernières années, le 2 janvier, on pouvait voir un cierge se consumer devant un ancien portrait du saint Abbé, peint sur une porte d'une châsse en pierre renfermant autrefois les chefs ou têtes de saint Mayol et de saint Odile. Ce cierge était placé là par un jeune homme en reconnaissance d'une faveur obtenue à sa naissance par l'intercession de saint Odile, dont il a reçu le nom au baptême. La mère de ce jeune homme avait promis de faire porter chaque année par son enfant jusqu'à l'âge de son tirage au sort, un cierge devant l'image du Saint le jour de sa fête. Pendant vingt ans la promesse fut tenue avec fidélité.

Aux environs de Souvigny, le jour de la fête de saint Odile, on s'abstient de certaines œuvres serviles comme s'il y avait un précepte. On observe encore avec une fidélité scrupuleuse ce dicton populaire :

Le jour de la saint Odile,
Personne coud ni ne file

et les laboureurs surtout de St-Menoux et d'Agonges ne veulent pas atteler leurs bœufs à la charrue.

Il serait à souhaiter que les offices religieux les attirent ce jour-là à l'église.

La fête de saint Odile est fixée au deuxième jour de janvier. D'autres fêtes se célébraient en son honneur aux jours anniversaires des translations de ses reliques le 13 novembre, en souvenir de la translation faite sous le Pontificat du bienheureux pape Urbain II; le 13 mai en souvenir de la découverte de son corps et le 19 avril pour la réception de son chef[1].

La première translation des reliques de saint Odile aurait été faite en l'an 1053, par saint Pierre Damien. Une autre translation eut lieu au mois de juin 1345 par Roger le Fort, archevêque

[1] La fête du 13 novembre se trouvant pendant le mois des âmes du Purgatoire, ne serait-il pas à propos de choisir cette fête pour renouveler la dévotion envers saint Odile?

de Bourges, au nom du pape Clément VI, qui accorda des indulgences à tous ceux qui visiteraient l'église de Souvigny, le jour des fêtes de saint Mayol et de saint Odile et le jour de la translation de saint Odile. Cette translation fut faite en présence des évêques des provinces de Bourges et de Lyon, des généraux d'ordre des frères prêcheurs, des Augustins, de plusieurs abbés, prélats et doyens de chapitres. L'archevêque leva avec grande solennité le corps de saint Odile, pour l'exposer à la vénération des fidèles. Il toucha le chef et les autres ossements du Saint et accorda quarante jours d'indulgences à perpétuité, chaque année, à tous ceux qui étant contrits visiteraient cette église aux différentes fêtes du Saint confesseur et pendant les octaves de ces fêtes; et il décida que tout prédicateur qui annoncerait la parole de Dieu dans cette église pourrait accorder chaque fois qu'il prêcherait et à tous ceux qui l'entendraient et qui seraient confessés et contrits vingt jours d'indulgences [1].

---

[1] Bibliothèque de Cluny. Diplôme dressé par Roger le Fort.

Le corps de saint Odile fut déposé dans une châsse et placé dans la même église sur un autel en face du corps de saint Mayol.

Le tombeau de saint Mayol et de saint Odile était très beau, élevé de terre sur quatre basses colonnes et placé dans le milieu de la nef. Le roi Hugues Capet y fut guéri d'une grave maladie en venant en pèlerinage au tombeau de ces deux grands saints [1]. Pendant huit siècles on conserva les reliques de saint Mayol et de saint Odile avec une grande vénération. Les têtes des deux saints furent mises à part dans des reliquaires séparés. Elles furent portées solennellement en diverses circonstances. On les porta en procession au premier passage à Souvigny de Charles, duc de Bourbon et d'Auvergne, en 1434. Le 6 novembre 1772, en les accompagnant avec piété en procession, le peuple obtint la cessation d'une maladie contagieuse. Le 25 mai

[1] Mémoire sur les sépultures des seigneurs et ducs de Bourbons à Souvigny, à Bessay et à Champaigne (Allier), publié par M. A. Bertrand, de Moulins.

1785, dans un temps où les biens de la terre souffraient d'une grande sécheresse, pour obtenir la fin de cette calamité, huit hommes vêtus en aube, après avoir communié le matin, portèrent les chefs des bienheureux Saints à travers la ville, s'arrêtant à divers reposoirs, dont le dernier fut dans la chapelle des Dames Bénédictines.

Un manuscrit conservé à la cure de Souvigny fait mention même en 1792 d'une procession où les chefs de saint Mayol et de saint Odile dans leurs reliquaires furent portés jusqu'à St-Menoux et ramenés escortés par une centaine d'hommes sous les armes. On attribue au prieur Gaufrid, de Cholet, la confection de la châsse et du reliquaire de saint Odile. Les reliquaires renfermant les chefs étaient déposés dans un monument en pierre que l'on voit encore dans l'église près de la porte donnant accès dans le cloitre du monastère, à l'entrée de la chapelle Vieille, actuellement chapelle Saint-Joseph. Sur les deux portes inférieures de ce monument on voit les portraits retouchés des deux Saints. Sur les panneaux des deux portes supérieures on a laissé intactes des peintures qui semblent représenter avec les nefs de l'église, les différentes cérémonies remarquables qu'on y a célébrées, ou la relation de quelques faits miraculeux. Ces deux peintures sont noircies par le temps.

Chapelle vieille ou Chapelle Saint-Joseph
dans l'église de Souvigny.

CONCLUSION

Le nombre incalculable des pèlerins
de tous pays et de tout rang qui sont
venus s'agenouiller sur les tombes devant
les reliques de saint Mayol et de saint
Odile peuvent nous donner une idée du
prestige de leurs vertus et des bienfaits
dus à leur intercession. La révolution de
1793, qui en amoncelant les ruines a fait
rentrer tant de choses dans la nuit de
l'oubli, n'a pu effacer le souvenir de ces
deux illustres serviteurs de Dieu. Elle a
pu livrer leurs corps aux flammes et
disperser leurs cendres, dont on a cependant sauvé quelques débris que l'on
conserve avec respect; mais, si leurs
membres ont subi l'effet de la sentence

de Dieu portée contre l'humanité : « Tu retourneras en poussière : *In pulverem reverteris* », une autre sentence de Dieu qui est pour les saints fait respecter leur mémoire. On les bénit encore, on les implore avec confiance; les parents mettent les enfants sous leur patronage ; Mayol, Odile sont des noms que l'on donne aux enfants à leur baptême en souvenir de nos saints protecteurs. Saint Mayol, saint Odile seront vénérés dans tous les siècles. *In memoria æterna erit justus.* Bien que la tourmente révolutionnaire du siècle passé, en profanant leurs restes, ait diminué le nombre des pèlerins dont la multitude avait rendu notre ville si célèbre, on vient cependant invoquer encore saint Mayol et saint Odile dans l'immense église, magnifique mausolée élevé sur leurs tombes à la gloire de Dieu honoré dans ses saints. Le 13 mai 1894, jour où fut célébré le neuvième centenaire de la mort de saint Mayol, dix mille personnes escortèrent, pendant deux heures, les précieux restes des chefs de nos saints dans une procession solennelle présidée par Sa Grandeur

Monseigneur Dubourg, évêque de Moulins[1]. Plus de six mille pèlerins purent prendre place dans l'église, dans ce vaste vaisseau de pierre dont les cinquante piliers, rajeunis sous les guirlandes et sous les bannières qui les couronnaient, semblaient, ce jour-là, tressaillir au contact de ces foules recueillies, renouvelant un glorieux passé.

Elevée sur les tombeaux de saint Mayol et de saint Odile, consacrée par le saint cardinal Pierre Damien, l'église de Souvigny a vu venir à elle autrefois des pèlerins de toute nation et de toute condition. Les peuples et les rois, Hugues Capet, le roi Robert son fils sont venus y fléchir le genou ; les Souverains Pontifes eux-mêmes, le grand pape des Croisades, le bienheureux Urbain II, et le pape Alexandre III vinrent y prier ; les grands de la terre, les princes de la maison de Bourbon y furent ensevelis pour la dévotion qu'ils avaient à saint Mayol et à

---

[1] Chaque année la procession a lieu le dimanche qui suit le 11 mai. Un reposoir s'élève sur la route départementale de Moulins à Montluçon, à l'endroit où elle traverse l'enclos des Bénédictins.

saint Odile, et les dépouilles mortelles de huit d'entre eux y reposent encore ; elles ne furent point profanées : on appelle pour cela l'église de Souvigny le Saint-Denis du Bourbonnais. Cette église, les siècles passés l'ont embellie, la Révolution n'a pu l'abattre, puisse-t-elle traverser avec gloire les siècles à venir, avec la vénération de nos illustres saints, en l'honneur desquels elle fut édifiée. Elle renferme encore, avec les plus précieux souvenirs, les plus beaux morceaux de notre architecture religieuse à l'histoire de laquelle elle peut fournir tous les documents. Elle est en effet comme le rendez-vous des différents styles. Le portail, avec sa grande ogive et ses niches à dais, remplaça, au xve siècle, un portail à jour romano-byzantin. Son élégance contraste avec la sévérité des vieilles tours[1] qui se dressent de chaque côté vers le ciel, comme des témoins imposants de la piété de nos pères. Elles sont séparées par un large fronton du style flamboyant et réunies par des galeries

---

[1] L'une, au nord, porte le nom de tour de Saint-Odilon.

festonnées. La partie inférieure de la grande nef et les collatéraux très étroits sont du xe siècle, les deux grands bas côtés du xie, les chapelles en style byzantin qui terminent l'abside sont du xiie, le chœur du xve. L'imposante sévérité du style roman des bas côtés dont les chapiteaux sont des plus variés, le cachet religieux du moyen âge qui apparaît dans la chapelle vieille, à droite du chœur où l'on remarque un magnifique bas relief représentant la mise au tombeau du Christ, et le mausolée en marbre blanc du bon et vertueux duc Louis II. la richesse et la grâce de la chapelle ogivale de la renaissance dite chapelle neuve, à gauche du chœur, où sont renfermés les cercueils de Charles de Bourbon et d'Agnès de Bourgogne sous un sarcophage de marbre blanc et noir[1], la majesté de la grande nef sous les ogives de laquelle court un feuillage à jour, une vraie dentelle de pierre, sur une longueur

---

[1] Ce monument a cinq pieds de long et huit de large, les figurines de marbre qui l'ornaient ont été mutilées par la Révolution.

de quatre-vingt mètres, la beauté du sanctuaire légèrement incliné comme la tête du Sauveur mourant sur la croix, tous ces détails d'architecture de tous les âges, joints aux vastes dimensions de cette église en font, malgré les mutilations de 1793, la merveille de la Province.

Il serait à souhaiter que ceux qui sont chargés de conserver dans notre belle France les œuvres d'art s'intéressent davantage à ce majestueux monument.

Et vous, peuple, gardez bien le souvenir de vos saints protecteurs, célébrez à l'envi leurs louanges, sanctifiez par la prière et par l'assistance recueillie au Très Saint Sacrifice de la Messe le jour de leurs fêtes, chantez en leur honneur vos pieux cantiques, portez avec respect leurs bannières, leurs statues, leurs reliques en procession à travers les rues de vos cités pour qu'ils les bénissent. N'oubliez pas que Dieu qui les a établis vos protecteurs les a choisis aussi pour vous servir d'exemple; imitez leur piété, leur charité, leur justice, leur chasteté, leur douceur, leur humilité. Ne vous conformez point aux maximes du siècle, mais suivez les saints, mettez en eux votre confiance. Les années n'affaiblissent point la puissance de leur crédit auprès du Dieu tout-puissant; car pour eux il n'y a plus d'âge, ils sont dans le séjour immuable de la bienheureuse éternité. Leur protection vaut mieux que celle des puissants du monde. On se trompe en comptant sur un homme mortel, car, fût-il fidèle jusqu'à la mort, à la mort on perd son soutien. En comptant sur les saints, on s'appuie sur des amis de Dieu, sur des âmes glorieuses et immortelles et sur Dieu lui-même qui ne meurt point.

SAINTS PATRONS, PRIEZ POUR NOUS !

En terminant ici ce modeste écrit, pour lequel nous demandons humblement toute l'indulgence du pieux lecteur, qu'il nous soit permis de reproduire cette réflexion d'un auteur des vies des saints, le Révérend Père Jean Croizet de la Compagnie de Jésus :

« La dévotion qu'a eue saint Odilon
« envers la Très Sainte Vierge et pour
« les âmes du purgatoire a été pour lui
« une source de grâces et de mérites.
« Ayons la même dévotion et nous expé-
« rimenterons les mêmes effets. »

De saint Mayol, illustre successeur,
Saint Odilon, agréez nos hommages ;
Que Dieu par vous accepte nos suffrages
Pour les défunts, puissant intercesseur !

TABLE DES MATIÈRES

Roanne, Imp. M. Souchier.

www.ingramcontent.com/pod-product-compliance
Ingram Content Group UK Ltd.
Pitfield, Milton Keynes, MK11 3LW, UK
UKHW021623170726
13836UKWH00005B/2013